「後継者」という生き方

日本経営合理化協会専務理事
牟田太陽

プレジデント社

まえがき

私の父・牟田學《がく》は戦争で父親（私の祖父）を亡くした。牟田家は女系家族で、私の父以外に男はおらず、そのせいで父は早い頃から「男の俺が一家をなんとかせねば」という気持ちが強かったという。

父は高校を卒業後、一人佐賀から上京して育英資金や奨学金をもらって東京の大学に入り、勉強をしながら事業を興したりもした。父親がすでにいなかったので、「父親の教え」といったものを学ぶために、いろいろな人の講演を聴きに行ったそうだ。そのなかに日本経営合理化協会の初代会長になっていただいた船田中先生や、中村天風先生がいた。

当時の日本は、戦後の焼け野原から夫婦二人で創業し、銀行からお金を借り、寝ないで働き、それでも倒産していく会社が山ほどあった。そんな中小企業の経営者を助けたいという気持ちと、父親代わりであった船田中先生、中村天風先生たちに背中を押され、父は若干、二四歳にして日本経営合理化協会を立ち上げたのだった。

セミナーの企画開催、経営書の発刊、講演ＣＤの販売などを主としているのは、昔も今も変わらないが、その内容は時代とともに変化してきている。経営の王道は不変だが、インターネットなどの誕生により戦術といったものは日々刻々と変化しているからだ。

セミナーに参加したり、本を買ったり、ＣＤを買ったりしていただいた、当会の会員の数はいまや全国で一六万社を超える。その実に八割がオーナー系企業である。オーナーの特徴やクセを知り尽くしているという点では、お客様から「日本一だ」とおっしゃっていただいている。

そういう協会なので、日々、さまざまな悩みの相談などの電話がかかってくる。会社が一〇社あれば悩みは一〇通りある。同じ質問などはないと言っていい。セミナー、本、ＣＤで解決できればいいが、内容によってはできないこともある。そういうときは、我々が直接相談にのるか、またはその分野のスペシャリストを紹介することもある。最近では「経営コンシェルジュ」的な存在と言っていいかもしれない。

その日本経営合理化協会の創業者の息子である私は、後継者として生まれ育った。

小さい頃、父は朝早くから夜遅くまで働いていた。何日も出張でいないことも多かったが、自宅に帰ると会社の出来事をうれしそうに母と話していた姿をよく覚えている。

そんな父の姿を見て育ってきたことで、「いずれは私が後継者として父の仕事を継ぐのだろう」と思って生きてきた。私が日本経営合理化協会に入協したのは、自然の流れなのだろう。

私自身が後継者であることから、たくさんの後継者の方々と交流を持つようになってい る。彼らもまた、同じような悩みを抱えていた。親子関係や社内のポジションなど、仕事以外の面での問題にも直面している。「後継者にしかわからない気持ちや思いを共有できるから」と、私に相談してくる人も多い。またときには、「ウチの息子のことで話を聞いてもらえないか」と、社長である父親から相談を受けたりすることもある。

そんな親子両方の相談を受けたりしているうちに、私がこれまでの人生で体験したこと、学んだこと、気づいたことなど、後継者の私から後継者たちに伝えられることがある。それがはっきりしてきた。後継者が何に悩み、何を知りたいのか、その疑問を解決へと導く役割ができればと思い、今回そのエッセンスを一冊にまとめることにした。

特に力を入れて書いたのが、親子関係のことについてだ。創業者であり親でもある、後継者でもあり子でもある。普通の親子とは少し違った関係がここにはある。だからこそ、両者の間でのすれ違いや揉め事があることもめずらしいものではない。実際、仲が良くなかったり、ほとんど口を聞かなかったりという親子が多い。

私は父と一緒に飲みに行くようなこともある関係だ。「家でも会社でも、よくそんなに長い時間一緒にいられますね」などと言われることがあるが、逆にそういう人は「自分の父親のことが嫌いなのか」と心配になってしまう。実は親子の関係がうまくいっていないと、会社もうまくいっていない場合が多いからだ。

社長と後継者というのは、自動車でいえばエンジンや補機類だ。そこに問題が起これば自動車が動かなくなるというのと同じだ。だからこそ、社長と後継者の関係というのは、そういう感情を超えた関係でなければならない。社員とその家族を幸福にするという責任もある。「父親と一緒にいたくない」などと言っている場合ではないのだ。

そんな複雑に絡まり合ってしまった関係をほぐし、事業承継に向けて親子でどう準備をしていけばいいのか、親子でどんな話をしていけばいいのか、その答えを書いたつもりだ。

これからの日本で会社を継ぐということは、相当の苦労も覚悟しなければならない。日本の「人件費」は世界一高いとされ、なおかつ人口減少によって市場はどんどん小さくなると言われている。そんななかでも社員に給料を払うには、売上利益は上げ続けなければならない。それに加えて、会社というのは人の問題が絶えることがない。

私はまだ専務理事という立場ではあるが、こうやって書いているだけで、思い出して頭が痛くなるようなさまざまな苦労も体験してきた。しかし、「それでも会社を継ぐ覚悟があるのか」ということが後継者に問われているのだ。私自身、後を継ぐことを決心してよかったと思っている。私のまわりの二代目、三代目の経営者たちもそう言っている。

後継者の立場というものは、孤独なものである。創業者や創業者の片腕に依頼心があってはいけないし、部下にも決して不安なところを見せてはいけない。そして、社内で自分の立場を理解できる人、自分の代わりになる人は誰もいないのだ。

仕事でも、プライベートでも、迷ったり行き詰まったときに何よりもありがたかったのは、後継者という同じ立場の仲間たちだった。二〇代、三〇代と経て、たくさんの仲間と知り合えたのが私の財産だ。ぜひとも、そういった喜びも、苦労も、ともに分かち合える仲間を一人でも多くつくっていただきたい。

そして、後継者としての手腕を磨き、創業の精神を引き継ぎ、会社を引っ張っていってもらいたい。どんな経営環境のなかであっても、ともに働く社員の方々につねに希望の光を見せられる存在であってほしいと願う。

これから始まる長い長い経営者人生の最後に振り返ってみて、本書の内容がみなさんの心のどこかに少しでも残っていたら、著者としてうれしいかぎりである。

二〇一四年一二月吉日

牟田太陽

「後継者という生き方」目次

第3章 苦労が後継者の心を強くする

第1章

「花」のある経営者を志す

まわりに人が集まるような「花」のある経営者になる

私は仕事柄「人の輪」を眺める機会が多い。

その多くは、経営者の方たちの輪である。こうした輪を注意深く見ていると、一〇〇人のうち数人なのだが、不思議と人が集い、輪が生まれる経営者がいる。言葉ではうまく表現できないが、人を集める独特の空気を持った経営者たちである。

経営者とは本来なんらかの魅力を持ち、その求心力に社員たちがついてくる存在なのだが、その経営者たちのなかでもずば抜けて人を惹きつける魅力を持った経営者がいる。

そのような人を集める独特の空気を持つ経営者のことを、我々は「花のある経営者」と呼んでいる。この表現は、私の父であり、日本経営合理化協会の理事長である牟田學が使い始めた表現だ。ひとしきり自分にとって親しい経営者の話をして、「あの方には、花があるよね」と言うのである。

経営者にとって「花」とは、えもいわれぬ魅力のことである。

私は年間に二〇〇〇人の経営者の方にお会いしている。日本経営合理化協会が設立されて間もなく五〇年になるが、同じ時期に創業した会社がとても多い。会員が多ければ、さまざまな業種業態の会社があり、売上規模もまたさまざまである。

創業者がいまだ現役で頑張られている会社もあれば、二代目に代を譲られた会社もある。なかには、親子三代にわたって当会をご利用いただいている会社もある。

こうした経営者の方々に、年数回セミナーに参加いただいていると、自然と顔なじみができてくるものだ。「やあ、やあ、前回もお会いしましたね」と、会場のあちらこちらで「人の輪」ができてくる。「私は仕事柄『人の輪』を眺める機会が多い」とお話ししたのはこうした事情による。

「花のある経営者」という観点から経営者を眺めると、二代目、三代目の経営者たちよりも、創業者に「花のある経営者」は多いのかもしれない。特に、この世代は戦中、戦後の焼け野原から自分の腕一つで会社を盛り立ててこられた方が多く、その苦労体験が人間を磨くからだろう。

理事長はそういった経営者としての魅力をとにかく大事にする。「花」という言葉をよく使い、少人数制の社長塾で花を伝える会と書いて「花伝の会」という会をつくり、ついには「花」の絵を何十枚も描き、東京駅の目の前にある丸善書店で個展も開いたくらいだ。

この花の絵は、ありがたいことにとても多くの経営者に会場に足を運んでいただき、わずか三日で完売した。私はいろいろな会社に訪問するが、ときどき社長室にその花の絵を飾っていただいているのを見かけることがある。息子として、専務理事としてうれしくもあり、気恥ずかしい気持ちもある。

理事長はなぜ、「花のある経営者」にこだわるのか。後継者に経営の手腕を伝えることはもちろん重要だが、それ以上に経営者としての魅力を伝えることはさらに重要であり、かつ困難だからだ。

では、どうしたら「花のある経営者」になれるのか、それをお伝えするのが本章の目的である。まずは「花＝魅力」とはどんなものなのか、そこから話を進めていきたい。

感性を磨くことで、人間の「花＝魅力」は増していく

経営者の魅力というのはどこで決まるのだろうか。単に頭がいいというだけでは魅力とは言えないのではないだろうか。頭がいいからといって、社員がその経営者についてくるかというと、決してそうではないからだ。

戦後の日本の教育というのは、同じような人間を大量生産するような教育をしてきていた。それは学歴社会となって以降、いい大学に入って、大企業に入れば、それが一番の安定と考えられてきたからだ。その結果、学校ではテストで○×をつけて採点をし、順位をつけてきた。そこには、「正しい」「正しくない」という価値基準しかないと言えるだろう。

この点について、私はすべては、否定しない。それは競争がなければ、人間は努力をしなくなるからだ。

しかし、社会に出てからはどうだろうか。社会に一歩出ると、そういう価値観は九〇％以上役に立たないと言っていいと思っている。

なぜならば、人が洋服を買うのも、車を買うのも、家を買うのも、食事をするのも、結婚相手を選ぶのも、すべては「好き」とか「嫌い」という価値基準で判断をしているからだ。そこには「正しい」とか「正しくない」という価値基準は存在しない。その「好き」とか「嫌い」というのは、人間の「感性」や「情」の部分からくるものである。

誰もが知っている通り、今の日本はモノが余り、どんな業種でもライバルが存在し、商品の優位性というのはないに等しくなってきている。そのなかで、お客様に自社の商品を選んでいただき、買っていただくためには、経営者として、そういった「感性」や「情」を磨くことが非常に重要になってくる。

人の魅力もそうである。単純に頭がいいとか悪いとかではなく、感性や情の部分、たとえば、話がとにかくうまくておもしろい、泣けるような文章を書ける、絵がうまい、歌がうまい、スポーツができるなど、そういったものが人間の感性を磨き、それが人の魅力の根本を形成していくのである。

強烈な個性と言ってもいいだろう。同性であればそういうところに憧れや尊敬を感じたり、異性であれば好意を持ったりもする。それが人の魅力というものだ。

私が今まで出会ってきた「花のある経営者」の方々というのは、そういった他者より秀でた部分を何かしら持っていた。何に対しても、のめり込む性格の人が多いのだろうか。凝り方がとにかく普通ではないのだ。

地方の社長で、東京に出張の際、ホテルにスニーカーを預けておき、早朝に皇居を走ってから仕事に行くという社長は大勢いる。フルマラソンを毎年走っている社長も多い。それが凝りだすと、なかには一〇〇キロマラソン、トライアスロン、万里の長城マラソン、砂漠を走破するマラソンまで参加している社長もいる。

歌がうまいと思っていたら、ある日突然CDを渡されて「CDデビューしました」と言ってきた社長もいた。「隠していましたが、実は飛行機が大好きで免許まで持っています」という社長や、船舶の免許を持っている社長もいる。

これだけ書くと、「社長はお金があるから」とか「時間があるから」と言われてしまいそうだが、お金があるだけでは何かをやって上にいくことはできないはずだ。私が会ってきた「花のある経営者」は、仕事プラスアルファの何かを持っていた。しかも、それを極めていたのだ。

考えてみると、世のなかにある「売れている商品」というのも同じではないだろうか。ライバルや類似商品がたくさん出回っている市場で、何か一本立っているものが多い。そういうものがあると、商品であればやはり売れるし、人間だとそれに同調する人たちが、自然とその人のまわりに集まってくるわけである。

朝起きて会社に行って、仕事をして終電で家に帰ってきて、ご飯を食べてお風呂に入って寝る……。そんな、同じ行動を続ける毎日をひたすらにくり返す。それが悪い生き方とは言わない。

だが、「本業だけをまじめにやっている経営者」＝「すばらしい経営者」か、と訊かれたら私はノーと答えるだろう。それは、先に述べた「感性」や「情」を磨き、幅広い情報にアンテナを立て、本業以外の人脈をつくり、そこから本業に結びつける「何か」を探す努力を、そういう経営者はあまりしていないからである。

どんなものでもいいので、後継者ならそういうものをつくってほしい。私は社員にもそのようにすすめているし、自分自身も持つように心がけている。

親しい方やフェイスブックでつながっている方はご存知と思うが、私は色鉛筆、パステル、水彩で絵を描いたり、富士スピードウェイを車で走ったりしている。土日も仕事があるし、家に帰れば子どももいるので頻繁にできるわけではないが、そういった時間を意識して持つようにしている。実際に、そこで知り合った社長がセミナーに参加してくれたり、本を購入してくれたりと、仕事でも活きてきているのだ。

さらに付け加えるなら、日本経営合理化協会で長年にわたって親しくお付き合いをいただいているジョンソン・エンド・ジョンソン元社長の新将命《あたらしまさみ》先生は、

「一度しかない自分の人生に、意図的に何か付加価値をつける努力をすること」と、講演のなかでよくおっしゃっている。新先生は日本コカ・コーラ、ロイヤルフィリップスエレクトロニクス社など、数十年にわたり名だたる外資企業の経営をされてきた。多くの幹部を育てていくなかで、やはり人の上に立つポジションの人には、そういうものを求めたという。

それを聞いたときに、私も強く意識するようになった。特に、これから会社を背負っていく後継者には、そういった「感性」を磨く努力をしていっていただきたいと思う。

創業者と喧嘩をして、後継者の生き方を放棄してはいけない

三年前の四月なかばのことだ。関西のとある会社の後継者から、突然「相談がある」と電話がかかってきた。

電話をかけてきた後継者は、私と歳も近く、何度も一緒に飲んだ仲なので、「何かトラブルかな」と思いつつ、「銀座で食事をしながら聞きましょう」ということになった。ある程度のことは想像して行ったのだが、そこで「会社をクビになりました」と、その二代目は切り出したのだ。

彼が四月から社長になるということを前々から聞いていたので、私は言葉を失った。三月前半には、銀行や取り引き先への挨拶回りもすんでいたはずだ。ところが、三月中旬くらいに創業者である父親と喧嘩をしてクビになったと言うのである。

喧嘩の原因というのは、父親が会社のお金で別荘を買ったということだった。二代目である彼は、「退職後に退職金で買えばいいではないか」という考えだったので喧嘩になった

のだ。何度も話し合いの場を持ったが、喧嘩はエスカレートするばかり。そこで後継者は第三者に話し合いの場に立ち会ってもらおうと、公認会計士の先生にお願いしたそうだ。

しかし、「第三者を呼んでまで俺を説得しようとしている」と感じた創業者は激高し、話し合いにすらならず、ついにはつかみ合いの喧嘩へと発展した。なんとかその場にいた公認会計士に止められたが、後継者は創業者より、「もう疲れた。会社から出て行ってくれ」「もし、謝る気があるなら週末まで時間をやるから謝りに来い」と言われたそうだ。

ここでみなさんに考えていただきたい。この創業者のやったことは、先ほどの「正しい」「正しくない」という基準から言えばどちらだろうか。これは言うまでもなく、「正しくない」ことだろう。

それでは、後継者がやったことは「正しい」ことだろうか、「正しくない」ことだろうか。ここは意見が分かれるところではあるだろうが、私の考えからすると「正しくない」ことである。なぜなら、後継者は「後継者の生き方を放棄してはいけない」と思うからだ。彼自身が望んだわけではないにせよクビになってしまったことは、結果として「後継者の生き方を放棄した」ことになってしまっているわけだ。

なぜ、社長になるまで待てなかったのだろうか。自分が社長になり、創業者が会長になって、落ち着いた頃に買い取ってもらうこともできたはずだろう。

こういうケースは何件もあったが、私の経験から言うと後継者が高学歴であることが多い。「正しい」とか「正しくない」という価値基準が絶対的な価値基準として刷り込まれてしまっているため、それで判断してしまう。自分が正しいと思ったら、相手の不正義がどうしても許せなくなってしまう。この後継者もそうだった。

彼は結局、謝りに行かずクビになってしまった。そして自身の怒りが鎮まるまで、ひと月以上を要して、その後で私のところに相談に来たのだった。

私は「今からでも遅くないから、謝りに行きなさい」と諭したが、彼は「うちの父親は何を言っても聞きません」と言うばかりだ。「父親に何を言っても聞かない」というのは、こういう場合の後継者の特徴というか、決まり文句だ。私は親子喧嘩の仲裁を何度もしてきたが、揃いも揃って一〇〇％同じことを言ってくる。

私から言わせれば、そんなに「聞かない人」であるなら、「なぜ喧嘩をするのか」ということだ。喧嘩をするなとは言わないが、最後は後継者である自分が謝ることを覚悟したうえでするべきだ。そもそも喧嘩などせず、「はい。わかりました」と言って違う方法を考えたほうがずっといい。

私は見解の相違がある場合でも、その場では意見を言わないようにしている。一日でも時間を置き、冷静になって考えてみると「そんな些細なこと、どうでもいい。言わないでよかった」と思うことが大半だ。冷静になって考えて「それでも」と思うなら、冷静になった頭でやんわりと伝えればいい。感情的になっては、何も解決しないだろう。

彼の場合、奥さんもお子さんもいるのに、私がいくら説得しても聞く耳を持ってくれなかった。このままではらちが明かないので、私は、まず彼の生活のリズムが回らないと冷静な判断もできないだろうと考えた。そこで、誰か親しい経営者に期限付きで預かってもらい、冷静になってから、彼が自分の会社に戻れるタイミングが訪れるのを待てばいいと判断したのだ。

ありがたいことに、私と親しい社長がちょうど同じエリアにいた。私はすぐに、その社長とアポをとり、三人でホテルのロビーで会うことにした。その席で、私は社長に単刀直入に「こういう理由だから、二年間という期限付きで、彼を預かってくれないか」とお願いした。

驚いたことに、社長は何も細かいことは聞かず、「太陽さんの頼みでしたら。ウチでよろしければどうぞ」と、二つ返事で了解してくれたのだ。「ただし、彼はかなりいい給料をもらっていたと思いますが、ウチではそんな給料は出せませんけど」と笑って言う社長の顔を見て、私は「そんな贅沢は言いません」と言いながら、うれしさのあまり涙がこぼれたのだった。

二年間、彼はそこで働いた。昨年、彼から「自分の会社に帰れることになりました」という報告を受けた。私としても、彼が父親の会社に戻ってくれたことは喜ばしい。聞くとその二年間、彼は黙々と働いていたという。

しかし、父親の会社と違って充実感はなかったと彼は言った。決して預かってくれた会社の仕事内容が悪いわけではない。やはり、どんなに頑張っても父親の会社のことが頭から離れることはなかったのだ。彼も生まれながらにして後継者だったのである。

そして父親もまた、息子が帰ってきてくれるのを一日千秋の想いで待っていた。「出て行け」と言った手前、父親から謝ることはできないので、息子が帰ってくるのをただ待つことしかできない。これもまたつらかっただろう。

二年を経て、親子が再び同じ会社で仕事ができるようになったのは、親しい社長のおかげでもある。その社長の男気に私は心から感謝するとともに、持つべきものは親友だなと強く感じたのだ。

親子が喧嘩をすることは、一般家庭でもめずらしいことではない。親子喧嘩は、社長と後継者という立場になっても起こりうる。ただ、親子だからこそ遠慮せずに、些細なことでも真剣にぶつかり合うため、どちらかが会社を辞めるような事態にまでいたってしまうこともあるのだ。

身内同士だからこそ、感情を出しての言い合いになり、なかなか歯止めをかけにくい。言いたいこともあるかもしれないが、まだ父親が会社の社長である現状においては、「自分は後継者という立場で、会社を継ぐ側なのだ」ということを強く自覚して、父親である社長を立てるべきだ。後継者は我を通す前に、自分がつねに一歩引いて冷静に考えることを心がけてもらいたい。

後継者の財産は人脈である

章の冒頭でも述べたが、私は年間二〇〇〇人の経営者の方々にお会いしている。日本経営合理化協会に入協してから一五年、年間にそれだけたくさんの経営者の方々にお会いしていると、魅力的な経営者、残念ながらそうではない経営者というのが、見てわかるようになってくる。顔に出てくるのだ。

理事長がよく言う言葉に、「四〇歳を過ぎたら自分の顔に責任を持ちなさい」というものがある。幼い頃は母親に似ていたり、青年になり父親に似てきたりと、人間の顔というのは歳とともに変わってくるものである。四〇歳を過ぎる頃になると、それまでの生き方や性格が顔に出てくる。経営者も同じで、見ていると、「いい経営をされているだろうな」とか、「この人は社員から慕われていないだろうな」など、当てられるようになってくるのだ。

「あの人は性格良さそう」や、「あの人は性格悪そう」といったことは誰もが言うことだが、社長でもそういうものがある。社員から慕われていたり、元気な会社の社長というのは、何よりも目に力がある。いきいきとしていたり、あたたかみがあるものだ。

逆に、社員から慕われていない社長というのは、神経質そうな顔だったりするものだ。コンプライアンスに反することをしていれば、それも顔に出てきてしまう。

ある六〇代の社長と話をしていて、「久しぶりに同窓会に行ってびっくりした」という話を聞いた。社長という仕事に定年はないが、六〇代というと普通は定年退職を迎える歳だ。「なかには数人、目が輝いている人がいるが、ほとんどの者が顔に生気がなくて同級生とは思えなかった」と言うのだ。目的、目標がしっかりある人とそうでない人では、はっきりと顔に出てきてしまうものなのだろう。

そして、いい経営をされている経営者のまわりには、同じようにいい経営者が集まってくるし、そうではない経営者のまわりには、そうではない経営者が集まってくるものである。「類は友を呼ぶ」とはよく言ったものだ。

何が言いたいのかというと、後継者の財産というのは、一にも二にも人脈なのである。人脈が大切だということは誰もが言っていることだが、実際に強く意識している後継者はどれだけいるだろうか。普段から意識していれば、長い経営者生活のなかで、必ず出会うべきときに、出会うべき人との出会いがあるはずである。

そのときは何も思わなくても、後で何か壁にぶつかったり、問題が起きたときにその人脈が必ず活きてくる。場合によっては、それで会社が助かるなんてことも、実は私のまわりでたくさん起きている。

私自身、人脈というのを非常に大切にしている。

この仕事を長いことやっていると、親しい後継者会、若手経営者の会というのがいくつもできてくる。年二回の全国経営者セミナーのときに、そういった会の人たちと必ず情報交換していたが、そのうちに会がいくつもできてしまい、体がいくつあっても足りなくなってしまった。そこでお客様のほうから、いくつもある会を合体させて、「太陽会」というのをつくってはどうかという提案をいただいた。

今現在、会員は増やしていないが、「太陽会」には約六〇人の会員がいる。年二回の全国経営者セミナーのときや、年数回、お互いの会社を訪問し合ったりしている。

発足してもう一〇年になる。スタート時からいる人たちなどは、隠し事など何もなく、会社のことからプライベートのことまで、何かあれば真っ先に話すという仲だ。ときには、夫婦同伴で食事をしたり、旅行に行ったり、メンバーが結婚するとなれば会でお祝いをしたりもする。

その会員の一人が、前述した、会社をクビになった後継者を二年間預かってくれた社長である。そのような人脈が、私にとっては非常にありがたい存在なのだ。

会社というのは生き物だ。当然、業績は良いほうが望ましいに決まっているが、ときには外部要因で悪化してしまうこともある。

会員の一人に、一度、業績が著しく落ち込んで「一時は『倒産』という二文字が頭に浮かんだ」という社長がいた。幸い会社は危機から脱し、三年がかりで業績は持ち直した。その社長と最近一緒に飲んだときに、「危機に見舞われたとき、太陽さんや仲間から励まされたのが、当時としてはとてもありがたかった」と言われた。

そういうなんでも話せる仲間というのが、困ったときには必要である。同業種や業界の集まりというのは多いが、そこで深い話などはできないだろう。特に異業種の親友というのはこれから数十年、みなさんの経営者人生において重要になってくる。

しかし、ただ人脈を広げればいいというものではない。先にも書いたが、いい経営者にはいい経営者が集まってくるものである。ぜひ「志が高い仲間」「一緒にいるとお互いがお互いを高められる仲間」、そういう人脈をつくっていただきたい。

今は毎日のように、本当にたくさんのセミナーがさまざまなところで開催されている。そういうところに積極的に出て行けば、やはり同じように勉強熱心な方が集まっているものだ。そのときに、隣近所に座っている人と名刺交換をしてもらいたい。私もセミナーの司会をするときは、スタート前に必ず名刺交換をしていただく時間を確保している。

そういうセミナーに何回も参加していると、顔見知りが必ずできてくるものだ。海外視察などに参加すると、一〇日間ぐらい同じメンバーで行動する。同じ釜の飯を食べる仲というのは、一発で仲良くなる。私も十数年前に一緒に海外に行ったメンバーと、今でも交流があるくらいだ。

ぜひともそういった場所に積極的に身を置くようにしていただきたい。情報というのは待っていてもやってこない。自分で取りに行くようにしてもらいたいと思う。

一〇歳以上年上の社長と付き合う

人脈が大切と書いたが、三〇歳前後の後継者なら、ぜひとも自分より一〇歳以上年上の社長の親友をつくっていただきたい。

私にも、入協以来仲良くしていただいている社長がいる。虎昭産業の内山隆司社長だ。もうかれこれ一五年くらいのお付き合いになるが、その内山社長に多くのことを教えていただいた。仕事はもちろん、遊びの部分も、である。

内山社長が社長に就いたのは、若干三二歳のときだった。父親を早くに亡くし、母親が社長をされていたのだが、その母親が脳梗塞で倒れてしまったのだ。この方もとても「花のある経営者」の一人だった。社員やパートさんをまとめ、会社を一〇〇億円企業にまで成長させた方だ。倒れたのは本当に突然のことで、内山社長は即日、社長に就任して会社の舵取りをしなければならなかった。その苦労ははかり知れない。しかし母親のつくった理念がしっかりしていた。内山社長はそれをきちんと踏襲し、社員・パートさんの一致団結のもと、お客様に喜んでいただける食品をつくり続けたのだった。

こうした環境が、内山社長を経営者としてたくましく育てたのだと私は思っている。社長一人でとにかくなんでもこなす。しかも、とても細やかだ。

私も内山社長も顔が広いので、地方のお客様の会社を二人でよく見学しに行ったりするのだが、そのときの様子を見ていて、社長の気配り、手配り、心配りなどに気づかされる場面が多々ある。持って行く手土産はもちろん、一番すごいと感心したのは、帰りの新幹線のなかでお礼状を書き上げ、新幹線を降りた瞬間にそのお礼状を投函することだ。さらに、一緒に見学に行った次の日に電話がかかってきて、

「あそこの社長の奥様は蟹が好きだと言っていたから、札幌の知り合いに電話で手配して、太陽さんと連名で送っておいたから」

と言うのだ。その細やかで素早い行動に、私は本当に感銘を受けた。

日本経営合理化協会では、後継社長塾というものを長年開催している。塾長の井上和弘先生のもと、多くの卒業生を育ててきた。各分野のスペシャリストやゲスト講師の講演を含めた全一二コースで、経営者としての心構えから、会社の数字、銀行対策、新事業・新商品、組織、マーケティング、経営戦略の立て方まで学ぶものだ。

その骨太の経営思想、的確なアドバイスから、井上先生のファンも多く、後継社長塾は

二回以上参加する方もいるほどだ。卒業してからも多くの塾生が先生のもとに集い、定期的に自社の報告会なども行われている。

私はその後継社長塾を運営していたので、同じ年代の後継者の人脈も多い。同じ年代の後継者だと、たしかに話は合うし、一緒に飲んでいておもしろい。しかし、同世代同士では、お互いに教え合えることがそれほどあるわけではない。

それが、一〇歳上の方になると、いろいろと細かい気配り、手配り、心配りを教えてくれたり、ときには「こういうふうにしなきゃダメだよ」と注意してもらえることもある。それが、人間の幅を広げてくれるのだ。

内山社長もまた、入社した当時に、一〇歳以上年長の社長からそのようにいろいろと教わったと言っていた。「太陽さんも、次の世代にまた、同じことをしてあげなさい」と言って、奢ってくださったことも数知れないほどある。

夜の遊びについても、いろいろと教えてもらった。一緒に銀座で飲んでいてもとても勉強になる。社長の鞄のなかにはいつもポチ袋が入っている。その袋に五〇〇〇円くらいを入れて、それを自分で渡すのではなく、「太陽さん、これタクシー代だから、太陽さんから女の子たちに渡してあげて」と、私に託すのである。この配慮には頭が下がる思いだ。

また、社長は地方の方なので東京に定宿があるのだが、そのホテルのボーイさんにまでお土産を買って行ったりする。北海道、仙台、金沢といろいろな場所に行ったが、必ず行きつけの料理屋があって、そこにもお土産を持って行ったりしている。そういう心遣いというのが、とても勉強になった。

私の同世代でそんなことが自然にできる人は、まずいないだろう。私は気配りや心配り、手配りといったことが苦手中の苦手だったので、余計に社長の心遣いに感動したのだ。

そんな私でも、見よう見まねでやっていると社長のような心遣いがさっとできるようになってくる。ぜひ、そういう自分を高めてくれる年上の親友というのをつくるように心がけてほしい。

「そんな簡単にできるのか？」と思うかもしれないが、難しく考えなくていい。先にも述べたが、海外視察などに行って毎日顔を合わせて食事をしたりしていると、気の合う人というのが必ず一人、二人くらいいるはずだ。

今は携帯電話もある。海外視察に参加される方とは連絡先を交換して、必ず帰国後にどこかで会ったりしている。私もそういう席に呼ばれることが多い。空港で見送りをして帰ってくると、「長年の友」みたいになっているから不思議だ。躊躇せずにそういうところに飛び込んでもらいたいと思う。

子が親を想う三倍は、親は子のことを想っている

後継者というのは、ときにプレッシャーを感じて道を外してしまうこともあるものだ。

三年前の冬のことだ。親しくさせていただいている、東北にあるサービス業の会社の会長が私のところに相談に来られた。その会長とは、十数年前に一緒に北欧視察に行った仲だった。

現地での視察を終えて泊まっていたホテルに戻ると、そこから毎晩飲みに連れて行かれた。英語が話せない方なのだが、店に入ってもまったく物怖じしないで、まるで日本にいるかのように日本語で店員に話すのだ。それでちゃんと通じるから傑作だ。本当におもしろく豪快な方で、この視察ですっかり仲良くなったわけだ。

創業者である会長は、中継ぎとして生え抜きの社員を社長に選び、経営を任せていた。すでに息子さんも会社内に入っていたので、事業承継のシナリオも順調なのだと私は思っていた。

しかし、来られるなり会長の口から「息子をクビにした」と聞いたときは、私も一瞬言葉を失うほど驚いた。

なぜクビにしたのかと尋ねると、息子さんが酒に酔って羽目を外し、路上で乱闘騒ぎを起こしたからだというのだ。よほどの騒ぎだったのだろう。幸いにも示談ですんで警察沙汰にはならなかったが、小さい町でのことである。あっという間に会社に連絡が入り、次の日には取締役会で解雇になったとのことだった。

ここまでは報告である。会長は「息子が何か起業をするらしいので、相談に乗ってやってくれないか」と切り出してきた。まさに息子を思う親心である。私は、

「こういう時代ですので、正直に言いまして、起業をしても失敗する確率のほうがはるかに高いです。ですので、息子さんが苦労された後に、最終的にご自分の会社に戻すつもりはあるのですか？」

と尋ねた。すると会長は、

「太陽さんの言う通り、たぶんうまくはいかないだろう。しかし、そのなかから何かを学んでくれたらそれでいい。そして、何年かかっても、ゆくゆくは会社に戻したい。だから太陽さん、アイツのことを頼む。相談に乗ってやってくれ」

と、涙を流しながら頭を下げられたのだ。会長のあまりに深い息子への愛情を感じ、私

は涙をこらえることができなかった。

その数日後、息子が私のところに相談にやって来た。事前に会長が私のもとに来ていたことは言っていなかった。息子は開口一番「俺のことをまったく信用してくれず、いきなり取締役会で解雇されました。あんな会社はもう出て、俺は太陽さんみたいに飲食店をやるんだ」と、恨み節だ。

これにはさすがに私も我慢することができず、思わず手が出てしまった。あれだけ自分を思ってくれている父親の期待を裏切り、それを反省するでもなく、しれっと「起業する」などと言う彼を、私はどうしても許せなかったのだ。息子が持ってきた飲食店の図面を放り投げて、私は息子の頬を張った。

「会長がどんな思いで自分の息子を解雇したのかわかっているのか？　どんな思いで自分の息子の成長を願っているのか、わかっているのか!!」

気づけば私は怒鳴っていた。事前に私のところに会長が相談に来ていたこと、「何年かかるかわからないが、勉強させた後に、アイツをまた会社に戻してやりたい。だから太陽さん、アイツを頼む」と泣きながら私に頭を下げたことを話した。

会長から言われたことを伝えると、息子もうつむき、すすり泣いたのだった。自分のしたことの重大さ、父親の本当の気持ちを知り、いかに自分が愚かなことをしたのか、ようやく理解したのだろう。

息子はその後、東北で飲食店を開いた。私のところに相談に来た帰りに会長の自宅に寄って、「自分だけで頑張ってみます。ありがとうございます」と伝えたそうだ。

びっくりしたことに、私がいくつかアドバイスしたことを息子はすべて実践していた。それだけでなく「この店の内外装は参考になるので、一回行っておいたほうがいい」と言ったお店をすべて回り、それを取り入れていたのだ。

私は、この本を執筆するにあたり、久々に息子に会いに行ってみた。お店は、私の予想を外れ順調にいっているようだが、息子は「太陽さんに破門されたと思っていました。この三年間、本当に勉強になりました。自分の甘さが身にしみてわかりました」と涙を流しながら語った。

そして「苦労はしましたが、なんとかお店は回るようになりました。三年経ったということで父に報告に行きます」と言った。三年前より少し精悍な顔立ちになった彼を見て、もう大丈夫だろうと私は感じていた。

それから二カ月経ち、息子から手紙が届いた。「お店を任せ、自分も会社に戻れることになりました。本当にありがとうございました」とあり、会長と一緒に写っている写真が同封されていたのだった。

こうしてまとめてみると、一つの親子の美談のように感じるかもしれないが、これはただの親子関係ではなく、会長とその後継者のことだ。そこには当然、会社が絡んでくる。実は、すでに会社に入っていた後継者が突然いなくなったことによって、社員たちが一番迷惑を被っていたのだ。

当時その息子には、社内に部下も多くいた。本来、後継者であれば信頼してついてきている部下を裏切るような行為はあってはならない。部下は自分の将来を後継者に預けているのだから、その信用に応えるのは当然のことであり、失望させるようなことはすべきではないだろう。

その会社では急な人事異動もあったそうだ。息子が受け持っていた地方の拠点に、単身赴任で行かなければならなかった社員もいた。その社員の家族にも迷惑がかかっているのだ。そうやって三年間、息子がやるはずだった仕事を社員の誰かが負担していた。彼にはそういったこともすべて背負ってもらい、より一層の成長を心から願うばかりである。

上に立つ人のことを「リーダー」と言うが、「リーダー」とは「リードする人」、つまり多くの人を引っ張っていく人のことである。「リーダー」は「フォロアー(ついてくる人)」

あっての「リーダー」なのだ。いずれ「リーダー」となる後継者は、その自覚を今のうちからしっかりと持ち、それにふさわしい立ち居振る舞いをしなければいけないと肝に銘じてほしい。

また、今回の一件で、私は「親子の情」というものを改めて深く考えた。何が起こっても、親はつねに子のことを思っているのだなと思わされた。「親の情などと」と否定する人もいるだろうが、間違いなく存在するものだ。子どもが後継者になるとなれば、その情の深さはより一層濃いものになるだろう。

後継者は、その「親の情」に対して、知っていて甘えることがあってはいけないし、裏切るようなことを絶対にしてはいけないのだ。

お金の苦労をすることで親の苦労を知る

私の父は昭和一三年生まれである。戦争で、食べるものにも、住むところにも、苦労ばかりさせられた世代だ。

それに比べて我々の世代というのは、先代の仕事が安定してきて衣食住が揃った頃に生まれ、物心つく頃にはすべてが揃っていた。個人差はあるだろうが、少なくとも本書をお読みになっている後継者で「食に困った」という方はほとんどいないはずである。

たいていの後継者はお金に困った経験がなかったりする。アルバイトの経験もなく、社会に出る後継者も多い。「アルバイトの経験なんか必要ない」という方もなかにはいるかもしれないが、しないよりは、したほうがいいとは思わないだろうか。学生時代から社会経験を積むという意味においては、後継者かどうかは関係なく、一度はそういう機会があったほうがいいはずだ。

私は大学時代の四年間、百貨店でレジ打ちのアルバイトをしていた。当時はバーコードもなく、商品を袋に入れる係のサッカーが品番と金額を読み上げるのを、隣で復唱しながらレジを打っていた。そしてお客様と相対しながら、「いらっしゃいませ」「いくらになります」「お預かりします」と言って、商品の代金をいただき、商品とお釣りとレシートをお渡しして、「ありがとうございました」と頭を下げる。商売の基本中の基本だろう。

しかし、こうしたことも経験していなければとっさにするのは難しいものだ。私が日本経営合理化協会に入協して驚いたのは、これがしっかりとできている社員が少なかったことだ。お恥ずかしいかぎりである。

百貨店の一つのレジといえど、週末には一日、数百万円という金額を扱うことになる。そして閉店後にレジを締め、精算をして、たとえ一円でも金額が合わないと大変なことになる。全員でその一円を探すのだ。

それでも見つからないものは見つからない。いよいよ金額が合わないときはそれで締めるのだが、報告書を書かされる。金額によってはフロア・マネージャーのハンコ、さらに金額が大きいと売り場のマネージャーと一緒に統括のところに行って、ハンコをもらわなければならなかった。たとえアルバイトといえどもである。「たった一円で?」と思うかもしれないが、その一円の大きさに気づかされた経験だった。

また、時給のアルバイト料金で働き、自分でお金を稼ぐということは大きな糧にもなる。

私も当時ほしかった高額のものを買うために、たくさんアルバイトの予定を入れて頑張ったものだ。「これだけ働いたのに、これしか貯まらない……」といった思いも、お金の尊さ、大切さ、そしてお金を得ることの大変さを知るきっかけになった。

こういった経験は自分のなかにしみつき、社会に出てから役に立つ。これを読んでもまだ「それでもアルバイトなんて必要ない」などと言う人がいるだろうか。父親の時代のお金の苦労に比べたらかわいいものかもしれないし、創業時の資金繰りの壮絶さとは比較にならないだろうが、お金を得ることの大変さをまったく知らない後継者よりは、その苦労を体験している後継者のほうが絶対にいい。

「もうアルバイトは間に合わない」という方は、ぜひとも大学卒業後に父親の会社ではなく、必ずどこかに一度就職をして、初任給で一人暮らしをするなど、お金の苦労をすることが大切だと私は考える。

第3章で詳しく触れるが、私は大学卒業と同時にアイルランドに渡り、英語の勉強をしつつ現地で起業をした。そのなかで、お金に本当に苦労することがあった。

そういった経験をしないまま父親の会社に入って後継者となったとき、いったいどのようなことが起こるだろうか。実際に、「ありがとうございました」となかなか言えない後継者がいるのだから驚く。会社としても、そんな人をお客様の前に出すわけにはいかないはずだ。いったい何を教育してきたのだと思ってしまう。

社会経験がないばかりに親離れできていない後継者もいる。「太陽さん、年齢も近いので息子をよろしくお願いします」と言われて食事に行くと、驚いたことに「心配だから」と父親がついてくるようなこともあった。

もちろん、すべての後継者がそうだとは言わない。しかし、そんな後継者が、一社員の気持ちを理解できたり、心からお客様に頭を下げられたりするものだろうか。お金の苦労は、買ってでもしたほうがいいのだ。

「上から目線」の傲慢な後継者に社員はついてこない

私がアイルランドでの留学から戻って、日本経営合理化協会に入協したときには、年下の先輩が社内に数人いた。アイルランドには三年間行っていたので、当然だろう。年下の先輩たちのことを、性別とは関係なく、私は入協当時から「さん付け」で呼んでいた。話しているなかで、ふざけて愛称で呼ぶようなときもあるが、今でも、「○○さん」と呼ぶようにしている。

入協当時、経理に配属された私の席は総務の人たちと同じ島にあった。総務の島には、女性社員が多かった。学生時代の私はずっと体育会系だったのでそのクセが抜けず、入協直後に先輩女性社員に「お茶を煎れてきましょうか」と言って笑われたことがあった。大学時代に四年間アルペン・スキー部に所属していたときの習慣がしみついていたのだ。

スキーは雪の降るシーズンのスポーツなので、一年間黙々とトレーニングを積み、そのシーズンに臨む。そして、シーズン中は雪山からほとんど降りることはない。一月の学校のテスト期間が終わってから四月まで、全員で山籠もりをするのだ。そういう意味では特殊な運動部と言っていいだろう。

そのなかでの生活が、みなさんには想像できるだろうか。今の大学がどうかはわからないが、当時は先輩・後輩の上下関係というのは絶対的であった。一つ上の先輩の言うことは主君の言葉のように聞き、四年生の言うことなど神の言葉のように聞かなくてはいけなかったのだ。

アルペン・スキー部の絶対的な上下関係の話は半分冗談として、なぜこのような話をしているかというと、「社員という立場」と「後継者という立場」では、目に見えない壁があることを理解してもらいたいからだ。

社員たちが何年も何年も頑張って働いて役職に就き、そして部下ができるところを、後継者は階段の二段飛ばしのように大股で抜いて、役職に就くことになる。それを、さも当然のように思っている後継者がなかにはいるのだ。

そして、上から目線で社員たちに指示する後継者がいる。年下の先輩社員を平気で呼び捨てにしたり、頼み事であっても命令口調で言う。いずれ全社員が、後継者である自分の部下になると思い、現在の自身の立場も考えず、今からそういう態度で接している……。

「まさか」と思われる方もいるかもしれないが、実は、意外とこういうことを平気でしている後継者が多いのである。みなさん、「自分は大丈夫」と言い切れるだろうか。後継者であるとはいえ、社内での現状の自分の立ち位置を客観的に把握し、上からではなくニュートラルな立場で接しているだろうか。言うまでもないが、こういった傲慢な後継者には人がついてこない。

「言葉」というのは、みなさんが想像している以上に大切なものなのだと再認識してほしい。仕事はすべて言葉で伝え、人を動かし、言葉で確認・検証して実績を出していく。その言葉にミスがあるとトラブルが起きる場合がある。後継者は、それを極力なくす努力をし、なくし続けなくてはいけないのだ。

後継者だからといって偉ぶり、人を動かすなどというのは論外だ。そんな態度で接していては摩擦が起きるからだ。後継者だからこそ、誰にでも「です・ます」で会話し、呼び捨てにするようなこともなく、丁寧な言葉のやり取りを心がける。「言葉は立場を表す重要な役割を持つ」と認識して、細心の注意を払い使ってほしい。

ではこういった、人がついてこない後継者にはいったい何が足りないのだろうか。それは「社員を見る目」である。「部下は三日で上司を知る。上司は三年で部下を知る」という言葉があるが、上の立場の人はそれほど社員のことを見ていない。いや、見ようとしていないのだ。

わかりやすく説明しよう。「頑張って頑張って、上位を目指すほど、上が見えなくなる」といった経験したことはないだろうか。特にスポーツといったものは、記録で順位が見えるのでわかりやすいだろう。ある程度頑張れば、自分の順位がはっきりしてくる。そのときに、さらに上があることがわかると、愕然とするのである。学生時代から何かに真剣に打ち込んだことがある方なら、理解できる感覚だろう。

自分の実力がわかり、自分より上の人がどのくらいいるのかを知ると、少しでもそこに近づこうと努力する。そのため、順位が下の人のほうが、上の人をよく見るようになる。相手のすごい点、優れている点を探して、それが自分にもできるようにと、必死に学ぼうとするわけだ。

逆に「○○さんに、これおすすめです」と言っても、「私はもう完璧です。それは必要ないです」と返事をしてくる人ほど、そういったことができていないものだ。自分のほうが相手より上なのだから、自分より下の人から学ぶようなことはないと最初から高をくくっている。どんな立場の人であっても、いろいろな話を聞いたりすればするほど、本来は新たな発見や学ぶべきものが見えてくるものなのだ。

だからこそ、後継者は「自分以外はみな我が師」という目で社員たちを見るようにしてほしいと思う。年齢や社歴に関係なく、どんな社員にも、何か必ず秀でた部分があるものだ。そこを見つけて、「この人は、ここが優れている」と思うところ、これはすごいと認めるところを褒めるようにする。そうすれば人は伸びるものだ。それを見つけることが、上司や経営者といった上の立場に立つ人間の仕事でもあるのだ。

普段から「ああ、すごいな。見習うところがあるな」という姿勢でいることで、後継者として自分も勉強になる。また、適材適所というか、そういう個性のある社員たちを社内でどのように配置していくか、ということを考えるのが後継者として最終的にすべき仕事になってくる。後継者にとって「社員を見る目」というのは非常に重要な持つべきスキルの一つなのだ。

もう亡くなってしまったが、昔、日本経営合理化協会には高橋さんという社員がいた。理事長よりも年上の方だったが、理事長の講演を聴いて惚れ込んで、会社をリタイヤした後に「入協させてほしい」と飛び込んできたのだ。社内で誰もが彼の入協に反対した。若い社員ならまだしも理事長よりも年上の人となると、当然だろう。

しかし、高橋さんは入協すると自分でセミナーを企画し、講師を選び、パンフレットを作成して運営をした。そのとき驚いたことに、封筒一枚一枚に黙々と手書きでお客様の宛先を書いて出したのだ。参加していただいた方々がみな、「案内をくれた高橋さんはどこですか?」と高橋さんを訪ねてきた。社員全員が入協を反対したことを悔い改めたのだった。

何が優れているかは社員の表面だけを見ていては気づくことができない。もっと社員と向き合い、相手の良いところを見つける努力を欠かさないでもらいたい。

自分が他人によっていかに「生かされているか」を知る

入協二年目の五月のことだった。親しい社長に誘われて、「自己変革道場」というプログラムに参加した。これは日本経営合理化協会のプログラムだったが、私も参加者の一人としてプログラムを受けた。それが一三年経った今でも、自分のなかにとても大事なものとして残っている。

これは、内観、呼吸法、座禅、入滝などを中心に……、と書くと宗教的な印象を受けるかもしれない。しかし、いたってまじめに、これらを通じて「自分とは何か」をミクロとマクロから考え、さらには「何のために経営をするのか、何を実現したいのか」を自分に問いかけるためのプログラムである。

そのなかでも一番インパクトがあったのが「内観」と呼ばれるプログラムだ。内観には、いろいろな種類がある。日本経営合理化協会のお客様のなかでも有名なのが、行徳哲男先生がやられている内観である。行徳先生の内観は、自分の「死」と徹底的に向き合うことによって、逆に「こんなことで死ねるか！」という「生」の部分を引き出すものである。

私が体験した内観は、それとは少々違った内容だ。長野県のお寺に一泊二日で泊まり込んでのものだった。

まず、一部屋に四人ずつ入り、部屋の四隅に屏風を置く。その屏風と壁に囲まれた狭い空間に一人ひとり座布団を持って入る。そこで壁に向かって座り、与えられたテーマについて一日中考えるのだ。

そのテーマとは、母親について、「してもらったこと」「迷惑をかけたこと」、それに対して「自分が母親にしてあげたこと」の三つだ。幼稚園から始まって、小学校低学年、小学校高学年、中学、高校と、時代ごとに区切って考えるのである。

幼稚園時代に母親に何をしてもらったのか、幼稚園時代に母親にどんな迷惑をかけたのか、幼稚園時代に母親に何をしてあげたことがあるのか。紙と鉛筆を持つと、文章を書こうとしてしまうので、屏風のなかには身一つで入らなければならない。自分の頭のなかで、その当時の状況を鮮明に思い描かないといけないのだ。

三〇分毎だろうか、時間になるとお坊さんが回ってくる。背後でススススと袈裟を畳に擦る音が聞こえてくる。その音が目の前で止まると屏風がコンコンと叩かれる。振り向いて屏風を少し開けると、お坊さんが尋ねてくるのだ。「今の時間は、いつからいつまでの時代、誰に対して考えていましたか？」と。

私は「幼稚園時代、母親に対して、してもらったこと、迷惑をかけたこと、それに対して、自分がしてあげたことを考えていました」と答える。

そして「してもらったこと」「迷惑をかけたこと」「自分が母親に対してしてしてあげたこと」を細かく話すのだが、「してもらったこと」に対して「してあげたこと」とのバランスがとれるわけがない。「してもらったこと」と「迷惑をかけたこと」がはるかに多いからだ。

それを言葉に出して、目の前にいるお坊さんに説明しなければならない。私は、こんなにつらい体験をしたことがなかった。「してもらったこと」「迷惑をかけたこと」のあまりの多さに、心をえぐられたような激しい罪悪感から懺悔せずにはいられなかった。一日の内でこんなに泣いた日は、後にも先にもこの日だけではないだろうか。

これは私だけではない。部屋の四隅にいるほかの経営者たちも同じだ。同じ部屋にいるので容赦なくその内容は聞こえてくる。私やほかの三人は、「誰が聞いているから」など関係なく一日中号泣し続けた。

その内観をくり返すことで「自分という人間が、いかにほかの人によって生かされているか」ということを嫌というほど感じることができた体験だった。

私は、立場的に日本経営合理化協会の後継社長塾の塾生との関わりが多く、数多くの後継社長塾の塾生を見てきたが、ときに「非常にもったいない」と感じる後継者を見かけることがある。

学生時代を思い出して想像してほしい。頭はズバ抜けていいのだが、「自分はなんでも知っている」といった様子で、物事を斜《はす》にかまえて見る。先生に対しても「アイツは馬鹿だから」と小馬鹿にしている人が、クラスに一人はいたのではないだろうか。

後継社長塾のなかでも、ときどきそういう後継者がいる。その様子を見ていると「この人は損をしているな」と思う。学ぶ機会というのは、誰に対しても、何に対してもあるのに、それに気づかず、自分の成長する機会を自分で否定してしまっているのだ。非常にもったいないことだ。

自分が他人によっていかに「生かされている」のか。気づいていただきたいと心から思う。行徳先生の内観など、お客様のなかにも卒業生が多く、今でもよく「参加したいのだけど、どうすればいいのか」と尋ねられることがある。「人生が変わった」と大勢の方がおっしゃっているので、迷っているなら参加をおすすめしたい。

また、行徳先生は講演のなかで「今の若者は感受性微弱だ」ということをよくおっしゃる。感性が鈍っているというのだ。泣くことも、喜ぶことも、怒ることもできない。感情をうまく表現できず、どこかで爆発して切れたりしてしまう。

実は人の痛みに敏感になることも、努力次第でできるようになると私は思っている。私は高校時代に父に、「泣くようなテレビを、なんでもいいから寝る前に毎日観て寝なさい」と言われ、実践したことがあった。父もそうだが、私も感動するとすぐに涙が出てくるのはそのせいかもしれない。

行徳先生のセミナーのときだった。先生の締めの話に感動した私は、司会であるにもかかわらず、不覚にも号泣してしまった。参加者もみんな泣いていたが、司会の私は何かを話さなければならない。しかし、感極まって声が出てこない。

そのとき、行徳先生が脱兎のごとく演台から飛び降り、司会台まで走り寄ってくると、私の手をがっちりと握りしめた。自然と会場から拍手が起きた。行徳先生の瞬時のフォローが本当にありがたかった。「生かされている」と感じる瞬間は、実は身のまわりのどこにでもあるのだ。

「神輿」は担ぎ手があっての「神輿」

驚くことに、世のなかには「ウチの社員は、馬鹿だから」とか、「出来が悪いから」といった、耳を疑うようなことを平気で言う経営者や後継者が存在する。信じたくないが、これは事実だ。

他章で詳しく述べるが、社内のトラブルの九〇％以上は、コミュニケーション不足から起きる。言葉で伝え、言葉で動くかぎり「言ったつもり」「言わなくても大丈夫だろう」「聞いていない」ということは必ず起きる。それをなくすために、社内に仕組みをつくることが必要であり、それをつくるのが経営者の仕事だ。

そういったミスは誰にでも起きることだ。そんなミスやちょっとした行き違いに対して、そうした仕組みをつくることもせずに、頭ごなしに「馬鹿だから」と怒鳴りつけ、できないことを社員のせいにする。これは大きな間違いだ。社員が悪いのではなく、はっきり言ってそんな会社の状態にし、社員をそんな状態にさせている経営者がすべて悪いと断言できる。

さらに厳しいことを言うと、仕事ができて頭がよかったら、いい会社に就職するのがあたりまえであるから、自分の会社の社員の頭が悪い、出来が悪いというのは、「経営者がいい会社をつくっていないからでしょう」ということになるわけだ。

日本経営合理化協会でお世話になっていた故・一倉定先生は「郵便ポストが赤いのも、電信柱が高いのも、全部、社長のせい」と毎回講演のなかでおっしゃられていた。まさに、その通りだ。すべては経営者の判断で決まったことで、なんとなくそうなっているわけではなく、経営者の明確な意図があって今そうなっているのである。その真実から目をそむけてはいけない。

後継者を「神輿」にたとえることは多い。当然のことながら、「神輿」というのは担ぎ手がいなければ、宙で舞うことはできない。「神輿」をしっかりと支え、担いでくれる社員たちがいるからこそ、宙で舞っていられるのだ。「神輿」だけがあっても、それはただの飾りにすぎない。担ぎ手がいるからこそ輝くことができるのである。

こんなあたりまえのことをわかっていない後継者があまりに多い。「神輿」である自分を担いでくれるのは当然だと思っているが、「こんな神輿を担ぎたくない」と思われてしまったら、すぐに誰も担いでくれなくなる。「担ぎなさい」と命じて強制的に担がせても、いずれは離れていってしまうだろう。

　こんな会社があった。離職率があまりに高いので原因を社員に聞いてみた。すると、後継者があまりにも暴君なのだという。ミスがあれば社員を罵倒したり、執拗に責めるというのだ。休みでも夜中でも関係なく連絡が来るそうで、ときには社員だけでなく、社員の両親に対しての暴言まで言うそうだから驚きだ。これでは社員はたまらない。新入社員が半年も経たずに辞めていくのも仕方のないことだろう。

　しかし、こんな人にかぎって自分では気づかないものだ。「ウチの会社よりいい給料がもらえないのに辞めるなんて、馬鹿な奴だ」と、どこ吹く風である。私が注意しても自分が悪いと思っていないので喧嘩になってしまうことが多い。

　こういう後継者は、何かで大きな失敗でもしないかぎり気づかないだろう。そのくらい重傷だと言える。会社は人がすべてである。こういう会社の業績は上がるわけもなく、ジリジリと下降線をたどる運命にあると私は思っている。どこかで気がつかなければ、会社そのものも危なくなるだろう。

「神輿」は社員という担ぎ手があってこそ存在意義があるということを、後継者は絶対に忘れてはいけないのだ。

第2章

事業承継のための心構え

経営者は成功を信じて「旗を立てる」

理事長の牟田學が、よく講演のなかで「旗を立てる」という話をする。「旗」というのは「目標」のことである。

私には後継者だけではなく、親しい創業者も大勢いるが、創業者というのはどの方も本当に強烈な個性を持っている。あきれるくらいの野心、たくましさを持っていて「必ずこの商品が売れる」というのを信じて疑わない。

そして成功することを強く念じて旗を立てるわけだが、一本目の旗というのは、近いところに立てる。特に最初は、本当に単純な思いで旗を立てることが多い。お金を儲けるため、家族を食べさせるためなど、そういったところからスタートするのだ。

最初のうちは知名度がないため、商品もなかなか売れない。お客様から非難されたりするようなこともあるだろう。そうしたときにはじめて、「じゃあどうしたらいいんだ?」「お客様の役に立つにはどうしたらいいのか?」ということを考え始め、商品を改良したり、お客様のためにといったことを思考するようになる。そうして哲学や理念が養われていき、順調に商品が売れるようになってくる。

仕事が回ってきたら、店舗を増やしたり、社員数が徐々に増えていく。そこまでいくと二本目の旗というのを、一本目よりも少し遠いところに立てる。

だいたいこの時期になると、事業承継のことを意識し始める。二代目というのは、ある程度地盤ができたところでポッと出てきて、そのポジションを交代するというわけだ。

具体的に旗を立てるとはどういうことなのか、一つ事例を挙げてみよう。

神戸に廣記商行《こうきしょうこう》という会社がある。関西では一家に一つは必ずあると言われている中華調味料「味覇《ウェイパァー》」をはじめとする家庭用の調味料の製造販売から、プロが使う本格的な調味料の輸入販売までしている会社だ。

今でこそ大きくなっているが、創業者である故・鮑日明《パオルーミン》氏が神戸で創業をしたときは家族経営の小さな会社だった。家業と言ったほうがいいかもしれない。どんな会社も最初はそうだろう。

鮑日明氏は、旗を立てた。関西のすべての中華料理店で自分たちの商品を扱っていただき、その美味しさをわかっていただきたい。そしてその料理を食べてくれるすべての人に笑顔で帰っていただきたい。これが一本目の旗だった。

鮑日明氏は日夜、身を粉にして働いた。お客様のお店を一軒一軒自分の足で回り、要望を聞き、それに合った食材を提供した。

そうやって中華料理店との取り引きが増えていくなかで、店舗オーナーや料理人から、「店舗によってベースになるスープの味が微妙に変わってしまう」「大量の鶏ガラや豚骨の処理に困っている」といった話を聞いて、なんとかならないものかと考えに考えて研究をくり返し、ようやく開発に成功したのが「味覇」だった。

最初は業務用のみだったが、「便利で美味しいので、業務用だけでなく個人用にも分けてほしい」という声が多く、個人の消費者専用の商品もつくるようになった。

すると、次第に関西の多くのスーパー、百貨店で扱ってもらえるようになったのだ。知名度が上がったことにより、大阪万国博覧会の香港館パビリオンのレストラン納入業者に指定され、続いて神戸のポートピア博覧会で中華料理の材料一括納入業者に指定されたのだ。

それによって事業が拡大し、神戸に配送センターを建てた。この頃には取り引き先は約五〇〇〇社までになっていたという。創業者である鮑日明氏が、一本目の旗に見事到達した瞬間だった。

ここまで会社が成長してくると、二本目の旗というのは関西だけでなく関東にも拠点をつくり、廣記商行の食材をより多くのお店で扱っていただくことだ。二代目である、鮑《パオ》悦《ユエツウ》初氏がそれを引き継いだ。

阪神・淡路大震災では甚大な被害を被ったが、廣記商行の勢いは止まらなかった。広島営業所、京都営業所、ついには東京営業所を開設して関東に進出したのだ。

強みはなんといっても、創業者である鮑日明氏が創業当時から直接店舗オーナーや料理人と話をし、要望を聞いてきた営業スタイルだ。品揃えも豊富で、いまや一万アイテムを超える。そのなかからお客様に合った商品を提案していくのだ。

関東の市場が加わったことは大きい。売り上げも順調に伸びてきている。二代目である鮑悦初氏が、見事に創業者である鮑日明氏の立てた二本目の旗に到達したのだ。

三本目の旗はもちろん、全国の中華料理店で食材を扱っていただくことだ。鮑悦初氏は二年前に会長に就任し、生え抜きである山下兼一氏が社長に就任した。長男である鮑耀宗《パオヤオツォン》氏は東京営業所で働いている。名古屋営業所も開設し、三本目の旗に向けて順調に走っているところである。

「旗を立てる」ことについて、イメージできただろうか。旗を少しずつ遠くに立てていく。

それはまさに、会社が成長していくこととリンクしているわけだ。

みなさんの会社は、今どこに旗を立てているだろうか。近すぎては、わざわざ旗を立てる意味がないし、あまりにも遠くに立てては、いつまで経っても到達することができないだろう。一つひとつ確実に、立てた旗に到達してもらいたい。

事業承継とは、襷をつなぐことである

「事業承継」について説明するとき、私はよく駅伝のランナーにたとえて話をしている。みなさんも想像してほしい。「事業承継」を「襷」に置き換えて考えると、二代目というのは創業者から襷をもらうことになるはずだ。

ファーストランナー（創業者）というのは前しか見ていないが、セカンドランナー（二代目）は襷をもらったら、今度はその瞬間から後ろのランナーに抜かれてはいけないし、あわよくばポジションを一人でも抜いてあげたい、しかし、無理をするとオーバーワークになってそこでリタイアになってしまう。もちろん、リタイア＝倒産だ。

私はそのバランス感覚が重要になってくると考えている。たとえば、小売り飲食業などは店舗が増えれば当然売り上げも増える。立地などの出店計画が当たり、一店舗から二店舗、三店舗と増えれば、一店舗のときと比べて売り上げは二倍、三倍と増えていく。

そのときに気をつけなくてはいけないのが、出店計画と借金のバランスだ。リーマンショックから東日本大震災と、小売り飲食業は揺れに揺れた。日本全体が財布の紐を締める傾向に走ったからだ。

お客様が来なければ売り上げは立たない。そうすると当然、借金は返せない。借金が返せなくなり、やむをえず店舗を閉鎖するといった会社が増えた。店舗が増えれば売り上げは増えるが、リスクもまた増えるのだ。

これからの後継者は「まさかの坂」というのがいつ起きるのか、つねに考えていなければならない。そういったときに、創業者がつくってきた店舗まで閉めなくてはならなくなるという状況は、避ける必要がある。創業者と同じ感覚で成長拡大を狙うのではなく、後継者は自分の目の届く「身の丈」というものをいかなるときも考えて経営をすべきなのだ。これもバランス感覚だ。

そういった「役割」が、創業者、二代目ではまったく違う。「攻守のバランス」というのが二代目には必要なスキルだと言えるだろう。

「攻守のバランス」というのは、経営のセンスである。非常に難しいが、これは勉強で養うことができるものだ。しかし、そのあたりの感覚がわかっていない後継者があまりに多いと感じる。そこをわかっていないから、「創業者の父親に勝った・負けた」という話をする後継者が多くいるのだ。

「事業承継」は駅伝にたとえられると言ったが、駅伝は同じところをグルグルと走ってい るわけではないはずだ。第一区間、第二区間と、走る場所も違えば、走る距離も違えば、走る時間帯も違えば、気温も風も全部が違ってくる。走るときの条件が毎回違うのだ。

事業も一緒である。好況のときもあれば、不況のときもある。同じ条件で戦っているわけではないので、そこで勝ち・負けを言うのは意味がない。それを理解していない後継者がかなり多いと私は感じている。「攻守のバランス感覚」を理解していないのだろう。

創業者というのは、本当に後継者のことを考えているものだ。低価格の飲食店を何店舗も展開されてきた創業者の方と話をしていたとき、その方は、

「自分は間もなく引退して息子が後を継ぐ。そのときに、息子だと私がつくった価格帯を守ってしまって簡単には壊せないだろう。だから引退する前に高級路線の店をつくって、自分がつくったものを自分で壊してやるんだ。そうしたら、後を継いだ息子は自由にできるだろう」

と話していた。まさに子を思うゆえの親心だ。なかなかできることではないだろう。

また、逆の場合もある。

「息子に継がせることは決まっている。しかし、成長拡大路線でずいぶんと自分の代で拡

大してしまったが、息子の代でそれを維持するのは難しいだろう。事業を縮小したうえでバトンタッチをしたい」

という方も意外と多い。本当に息子のことを思っているのだろう。これもまたなかなかできることではない。

後継者は、そういう親の気持ちを知っていて「勝った・負けた」と言っているのか、知らないで言っているのか。後継者が「親に勝った・負けた」と話しているのを聞くと、私はとても悲しい気持ちになる。本当に勝負すべき相手は、創業者である父親ではない。本当に戦うべきはライバル会社であることを、後継者は見誤ってはいけないのだ。

入社してから三年間は、小さな失敗を積み重ねること

最近、後継社長塾の方と名刺交換をすると、役職や部署が「社長室」「社長付き」「経営企画室」などと書かれた名刺が多くなってきている。これらの役職は、一見どんな仕事をしているのか、正直よくわからないと私は感じている。

社長の傍らに置いて、後継者を守りながら育てていく。「俺のそばで社長とはどういうものか見ておけ」という考えからそういった役職や部署に就けているのは、理解できない話ではない。しかし、あまり感心するものでもないだろう。どうしても過保護に見えてしまうというのと、後継者であってもやはり現場を一通り経験すべきだと思うからだ。

アイルランドで飲食店をしていた時代、私は経営者だったが、実際に厨房に立って一通りの経験はしていた。デザートのトッピングから入り、サイドメニューの盛り付け、揚げ物、焼き物まで一通りやった。なぜかと言うと、自分でも一通りやっていないと万が一クオリティーに問題があったときに、スタッフたちに「こういう理由でダメだ」と言うこと

ができなくなるからだ。

自分は経験もしていないのに上から目線で「やり直せ」と言っても、下の者は聞かないだろう。飲食業の経営者で、「私は経営者なので料理のことはわからない。料理長がいるので任せておけばいい。やる必要もない」などと言う人もいるが、それは大きな間違いだ。「何がどう悪いからこれはダメだ」と伝えられないようでは、経営者失格と言っても過言ではない。

「社長室」「社長付き」「経営企画室」などという肩書は、そういった現場の経験を飛ばしているわけだ。


私としては「後継者は入社してから最低三年間は、現場の第一線で働くべき」だと考えている。私の場合は、入協して一年間は経理に配属され、社内の数字の流れというものを勉強した。なぜスタートが経理だったのかというと、会社のお金の流れをしっかりとつかむことができるからだ。お金の流れがわかると、理屈だけではない実体として自社のビジネスモデルをつかむことができる。

私はその後、企画部へと配属された。それはセミナーなどの企画運営をする部署で、講師の選定からパンフレットの作成、募集、運営までを一人で行う。そこで、役職に就くまでの六年、かなり鍛えられた。

セミナーの企画とは、経営者がどのような悩みを持っていて、どのように解決するべきかを反映させたものだ。どういうテーマを設定し、誰を講師にするのか、また集客数でそのテーマがヒットしたかどうか、そういった実力がはっきりと出る。

パンフレットの作成も自分で行うため、企画力だけでなく文章力も求められる。セミナー当日までの段取りから当日の滞りのない運営と、とにかく個人の総合的な能力が必要になってくるため、トータルで鍛えられるのだ。

六年間にわたって日本全国を駆け回り、お客様の会社に実際に訪問したり、各分野で活躍されているコンサルタントの方々にじかにお会いして話を聴くことによって、自分の見聞が広まったことが一番の学びだったと感じている。

特に、年二回開催している全国経営者セミナーでは、三日間で三十数名の講師にお話しいただく。その三十数名の講師の方々にアポを個別にとっていたら、何年かかっても全員に会うのは不可能だろう。そのような人たちの話が聴けるのと、何よりもそこに参加していただいている経営者の方々とのじかでの触れ合いが大きな経験となった。

それから、小さな失敗を積み重ねることを、早いうちに体験できたこともよかったと思っている。

セミナーの企画・運営に慣れてくると、一人でいくつものセミナーを同時にこなさなければならなくなる。すると、どうしても疲れが溜まり、ときに凡ミスをしてしまうこともある。「こんな簡単なこと、わざわざ確認していなくてもわかるだろう」とか、「いつもの会場だから」とか、「何回も担当している先生だから大丈夫だろう」というちょっとした油断や怠りから、ミスを起こしてしまうのだ。

そんな経験から、私はどんな些細なことでも、「大丈夫かな」と心配する気持ちが少しでも湧けば、すべて確認をとるようになった。ミスというのは、そういうほころびから起こるものだ。確認してそれが思い過ごしだったなら、それに越したことはない。

一番恐ろしいのは、確認を怠ってお客様に迷惑がかかってしまうことだ。どんなことでも心配しすぎ、ということはない。そういったことを学んだ。

部長など、役職が上になってからの失敗というのは、会社としてのダメージも大きくなってしまう。役職も就いていない下積み時代にどれだけ小さい失敗をしても、たいしたことにはならない。失敗をすればするほど、それだけ人間というのは失敗を糧に成長する。いくつも失敗をすることが一番の成長への近道と言っていい。

小さな失敗の積み重ねというのは、自分が役職に就いていないときにしか体験できない貴重なことだ。そこから学ぶことはとても大きく、しかも将来必ず役に立つ。

以上の理由で、やはり営業部が強い会社なら営業から入るとか、メーカーだったら製造の現場から入るなど、業種業態によって違いはあるが、現場の第一線から入って経験を積んだほうがいい。親しいお客様のなかで、成功している二代目社長というのは必ずそういう経験をしてきている。

もし、本書を読んでくださっている後継者で「社長付き」「経営企画室」という役職や部署の方がいるなら、これをきっかけに異動を志願するという決断をしてみてはいかがだろうか。むしろ、そのくらいの積極性に、喜ばない父親はいないはずだ。

会社は「上場するか・売るか・長く続けるか」、この三択しかない

会社というのは究極に言うと三つの方向性しかない。その三つというのは、会社は上場するか、売ってしまうか、長く続けるか、この三つしかないということである。

日本経営合理化協会は、もちろん「長く続ける」ということを推奨しているのだが、当然、お客様のなかには上場を目標にしてやられている方もいるし、最近では売ってしまうという会社もまだまだ少数ではあるが増えてきている。中小企業の六割に後継者がいないと言われているので、そういった理由ももちろんあるのだろう。

上場するというのは、資金調達がやりやすくなるということと、知名度が上がるので優秀な社員を採用しやすくなるというメリットがある。

しかし、我々としてはあまりおすすめしていない。メリットもあるがデメリットが大きいからだ。会社の株を過半数以上買われてしまったら、当然、会社は他人のものになって

しまう。この点は、デメリットというよりリスクと言ってもいいだろう。

数年前に上場企業の元会長から相談を受けたことがあった。その方は創業者で、自分の腕一本で会社を上場するまで大きくした方だ。デザイン性に優れた商品開発、先進的な技術を取り込むことで売り上げを伸ばし、会社はみるみるうちに成長し、ついには業界最大手にまでなった。

ところが、そのまま本業に徹すればよかったのだが、バブル期にゴルフ場、リゾート開発に手を広げていったのだ。バブル崩壊とともに業績は悪化した。その責任を問われ、会長を辞任しただけでなく、会社まで追われることになってしまった。会社は企業再生機構のもと債務を処理したうえで、別の大手企業の傘下となった。

「再生」といえば、そのように聞こえる。当時の政権のもと、「再生成功事例」のような扱いで大々的に報道もされた。しかし、実際にそうだったのだろうか。別の大手の傘下となった処理のやり方が、本当に正しかったかどうかはわからない。

その方は異を唱え、私たちのところへ相談に来られたのだが、株が過半数以上他人の手に渡れば、たとえ創業者であったとしても、それはもう自分の会社ではないのだ。その方のお嬢さんとは大学時代に仲が良かったのでなんとかしたかったが、もはやどうすることもできなかった。

今でも忘れられないが、そのときの新聞には「創業者という理由で会社を私物化した」と書かれていた。何をどう私物化したのか説明もなかったが、創業者への敬意も何もない世界なのだなと、ショックを受けたのを強く覚えている。

会社を売却するというのは、先にも言ったが少数ではあるが、増えてきていることは事実だ。昨年も一社、親しい会社だったが、いきなり売却を発表してびっくりしたことがあった。まさに寝耳に水の出来事だった。

とても成長している分野で、テレビで何度も「躍進企業」として取り上げられていた会社だった。その分野は、これからは東南アジアなど海外でも需要があるだろう。私もてっきり、海外にもこのまま進出するものだと思っていた。それは、後継者がすでにいたからだ。しかし、現実は突然の売却であった。

中小企業は人も少ないので、社内の人間だけでは海外進出など限界がある。企業の価値を考え、価値が高いうちに海外進出を実現できる大手に売却する。そしてその資金で、その事業の「川上」か「川下」の事業を始めるというのも一つの手だろう。そういった考えがあったのかもしれない。

先日、九州出張から帰る際に、飛行機に乗る直前にばったりその息子さんに会った。飛行機を降りてからも二人で話しながら、有楽町までモノレール・山手線と乗り継いだ。息子さんも、「何社からかオファーがきている」という話は聞いていたので、売却することは知っていたそうだ。しかし、決まったのは突然で驚いたと言っていた。私の知るかぎりでは、めずらしいケースであった。

経営には「王道」と「覇道」がある。わかりやすく説明すると、「王道」とは「質」を追求する経営のことである。お客様を増やし、商品を磨き、サービスを磨くことの努力はしていくが、一定規模以上には組織を大きくしない。そして一定以上の利益が出たら社員に還元していくのだ。

対して「覇道」とは、「規模」や「数」、「量」を追求する経営である。積極的に店舗を増やし、ときにはフランチャイズで加盟店を増やしたりしていく。そうやって上場する道や、会社を大きくして売却する道も「覇道」に含まれる。

どちらがいい、悪いということではない。どの判断にも経営者の哲学がある。最近では売却する社長も増えてきたと言ったが、なかにはスパッと会社を売却して息子にそれなりの財産を分与し、自分はハワイに別荘を買って日本と行き来する悠々自適な生活をしている方も何人かいる。一度しかない社長人生だ。そうした選択もいいのではないだろうか。

中小企業の後継者不足は、チャンスでもある

日本の法人数というのは、中小企業庁が出している統計では約四二〇万社と言われている。そのうちの八割が赤字で、二割しか黒字がない状態だ。さらに統計的に言うと、創業してから三〇年続く会社は、わずか五％を切ると言われているのである。中小企業は、日本の法人数のなかの九割を占めるが、先に述べたように、その六割に後継者がいない。

これから会社を継ぐ後継者のなかには、悲観している方もいるかと思う。そんな状況のなかで会社を継ぐことに意味があるのかと言いたい気持ちもわかる。実際にそのような相談に来られる後継者もいる。

しかし逆に、私はすごいチャンスだと考えている。六割の会社に後継者がいないのであれば、ほかのライバル会社が勝手に潰れていく可能性が高いからだ。

それはさすがに極端な話だが、日本経営合理化協会のお客様のなかではコモディティーなものを扱っていても躍進している会社がたくさんある。いくつか紹介するが、どの会社

も中小企業のなかでも優秀な会社ばかりだ。

大阪にサンコーインダストリーという会社がある。ネジの商社だ。扱っているアイテム数は七〇万アイテムを超える。それだけ扱っていると在庫も増えると思うだろうが、この会社はそこが「売り」なのだ。

ネジというのは、ネジの「頭の大きさ」や「＋」と「－」、「長さ」でだいたいの売れ筋というのは決まっている。しかし、サンコーインダストリーでは、その売れ筋からはみ出たネジを多く扱っている。「あそこに行けば必ずほしいネジが見つかる」という品揃えをしているのだ。

では、その在庫管理はどのようにやっているのかというと、スペースを有効に使うための自動倉庫と、徹底したＩＴでネジ一つから管理しているのである。サンコーインダストリーは、関西ＩＴ活用企業百撰にも選ばれている。サンコーインダストリーは三年前に後継者に代が変わり、ますます売上利益を伸ばしている。

第４章でも登場するが、京都のボークスもそんな会社の一つだ。ボークスの創業は「街の模型店」だった。私の小さい頃もそうであったが、当時は街に一つは「模型店」というものがあり、学校から帰ると自転車でそこに集まっては暗くなるまで友達といた覚えがある。

今はどうだろうか。全国でも、模型店はもう数えるほどしかないという。その原因が、拡大成長した家電量販店やアマゾンだ。利益ゼロのような値段でお客様を呼び込むために模型を売ったり、効率を重視したことで、パソコンで数クリックするだけで自宅に商品が届いたりするのだ。何もしなければお客様がそちらに流れてしまうのは当然だ。

ボークスはその真逆の道を行った。自社の商品開発に力を入れ、徹底的にお客様との対話を重視し、店舗にお金をかけ、イベントを毎月のように開催し、そしてＶＩＰユーザーのサロン的な空間まで用意したのだ。

ビッグサイトで行われるボークスのイベントは、その日限定の商品を求め、一日に二万人が訪れるまでに成長している。効率重視に行きがちな世のなかで、逆に行くことで付加価値を生んでいるのだ。ボークスでは事業発展計画書にそれを徹底するように書き、後継者と考え方を共有するようにしている。

次は北関東にある建材の商社の話だ。最初にその会社とご縁があったのは十数年前、現在の社長が会社に入社したばかりのときだ。彼は創業者の娘さんと結婚し、義父の会社を継ぐことに決めたのだ。久々にお会いして驚いた。家族でやっていた会社が二〇億円企業に成長していたからだ。社屋、倉庫も大きくなっていた。

もともと自動車メーカーに勤めていた社長はその経験を活かし、オペレーションを自社に組み込んだのだ。建材が収められている倉庫は在庫が一個ずつ管理され、棚卸をする必要がない。現場から注文が入ると一つひとつトラックに収め、工事がスタートする九時までに確実に届くようにする。どんなに渋滞しても時間通りだ。

そのトラックは一台一台がGPS管理され、どこを誰のトラックが走っているのか本社で管理している。急な注文が入っても、近くのトラックが対応できるようにしているという。こうした現社長の考えが活かされ、まだまだ業績は右肩上がりに上がっている。


中小企業の六割で後継者がいないなら、これからはM&Aなどが増えてくるだろう。そういう会社を買って新規の事業に参入したりする話も増えるはずだ。

私はどちらかと言うと本業をしっかりやったほうがいいという考え方なので、本業やその周辺事業の強化をしていく、そしてシェアを高めていくことをすすめる。たとえ人口が減少して市場が小さくなっても、シェアさえ高めていけば絶対に会社が潰れるということはないはずだからだ。

だからこそ、会社を継ぐことを躊躇している後継者には、「そんなに悲観的になるな」と言いたい。「ウチは斜陽産業だから」「どこにでもある商品だから」「東南アジアに仕事を獲られてなくなるのでは……」などと、後ろ向きな発言ばかりする後継者もいるが、もっと自信を持ってもらいたいと私は強く思っている。

後ろ向きな発言をする後継者は、アドバイスを求めてくる人が多いが、「こうしてはどうだろう？」と私が提案しても、「業界的に無理」「前例がない」「ストーリーがない」などと言い訳ばかりして、なかなか行動がともなわない。あまりにもできない言い訳が続いたときには、「ストーリーがないなら自分でつくれ！」と、思わず声を荒げたこともあった。

先述した三社も、決して伸びている業界の会社ではない。そんななかでも、しっかりと戦略を立てて行動を起こすことで、どんどん躍進しているのだ。

そんな成長を続ける会社の後継者には共通点が三つある。決して腐らず、後ろ向きな発言をしない。学んだことを「自社には関係ない」とは言わず、「これをどうにかしてウチの会社に取り入れられないか？」と愚直に考える努力をしている。そして、時間がかかってでも考え抜いたことをきちんと実行しているのだ。

そうやってコツコツとやっていれば、焦らずとも最終的に自社が勝つチャンスは必ず訪れる。焦って間違った手を打つことが、最もしてはいけないことだ。焦りはいい結果を生まないのである。

後継者になるタイミングを焦ってはいけない

「焦ってはいけない」といえば、事業承継のタイミングもそうだ。なかには、後継者に対してまわりからいろいろと言ってくる人がいる。私も言われた経験がある。「親父が元気なうちに早く会社を継げ」など、言っている本人はよかれと思っているのだろうが、お節介を焼く人がいるのだ。

そういった、他者の無責任な言葉に踊らされて焦ってしまってはいけない。まさに無責任で、早く後を継いだことで何か問題が起こったとしても、その人が責任をとってくれるわけではないだろう。周囲の雑音にあまり振り回されないように気をつけてもらいたい。

後継者として会社に入り、早々に社長と交代したが、交代したとたんに会社の業績がガクンと落ちてしまった。どんどん下がっていく業績を見るに見かねて、すでに会長に退いていた父親が、改めて社長に返り咲いた……。

こういった事態は大企業でもあることだが、対外的に見て決して恰好がいいものではない。代替わりに失敗したというだけでも大きなイメージダウンだが、重ねて後継者の手腕不足が世間に露呈してしまうからだ。社内も混乱するだろうし、社員たちから後継者に対して不安視する声も上がってくるだろう。

「あの会社は大丈夫なのか？」「後継者の育成に失敗したのでは？」と、よからぬ噂はあっという間に広まっていく。すると、これまで懇意にしてきたお客様からの信頼も損なうことにつながってしまうのだ。

親の命も永遠ではない。そこからまた後継者に交代しようとしても、マイナスイメージからの出発となってしまう。一度ついたイメージを払拭することは並大抵のことではない。タイミングを誤った事業承継は、会社にとっても、後継者にとっても、これほど大きなマイナスになることがある。そんな事態には、できればなりたくないだろう。

社員たちからの信頼、お客様からの信頼をしっかりと得て、仕事でも成果を上げ、先代との間で引き継ぐべきことを確かめ合い、「あの人なら」と思われるような存在になり、満を持してようやくそのときはやってくるのだ。早く社長になりたいと思っている後継者は、今の自分が社長に相応しい状態に成長しているのか、よく考えてもらいたいと思う。

焦らなくても、そのタイミングというのは、「このタイミングだったのか」というタイミングで、向こうから来てくれるものだ。自分にとって必要なタイミングなら、必ずそのときは訪れるはずだ。

どんなタイミングで事業承継のときがやってきても、慌てずにしっかりと後を継げるようになるために、後継者は日々、力をつけておく努力をしていてもらいたい。経営について勉強し、幅広い人脈をつくり、さまざまな情報に「アンテナ」を立て見聞を広めていくことだ。

経営の師匠となる人を見つけることも重要だ。よく「師匠となる人を三人つくれ」という話があるが、私には父親以外に五人の師匠がいる。後継社長塾でお世話になっている井上和弘先生から財務を学び、ジョンソン・エンド・ジョンソンの元社長の新将命先生から理念を学び、三愛の元社長の田中道信先生から営業を学び、BE訓練の行徳哲夫先生から哲学を学び、滋賀ダイハツ販売の後藤昌幸先生から人を学んだ。

この五人に私は今でも師事していて、くり返し話を聴いたりするようにしている。そのとき、そのときによって、あるいは立場や悩んでいることによって、同じ話でも感じるところが違うことがある。これが「アンテナ」だ。

「同じ話を聴いても、専務のときに聴いた話と、社長になってから聴いた話とでは、感じ方や感じる場所が変わった」という方がいるが、まさにその通りなのだ。そういった経験をしたことがないという人は、「アンテナ」が立っていない可能性が高い。

本書を読んでくださっている後継者の方々は、くり返し勉強して、そういう些細な変化にも敏感に気づける自分であってほしい。どんなタイミングであったとしても、そうやって自分を高めていればベストな状態で対応することができるのだ。

継がせたい親心を理解し、継ぐという勇気を持つ

年に二〇〇〇人の経営者にお会いすることは前にも述べたが、経営者が二〇〇〇人いたらその九割以上は、自分の息子、または娘に会社を継いでほしいと思っている。

社員とその家族の幸福の追求というのは言うまでもなく重要である。それと同時に、一生懸命勉強し、会社の繁栄を願い、事業発展計画書をつくり、五年、一〇年、三〇年と会社の将来を考えるなかで、必ず頭のなかで自分が何歳になったとき、自分の息子、または娘の年齢はどうなっているか、そのポジションはどうなっているか考えているはずである。

日本経営合理化協会では、事業発展計画書を作成するための少人数制の勉強会「無門塾」を開催している。簡単に言うと、事業発展計画書というのは、社長の哲学・思想・ロマンから始まり、戦略・戦術、目標数字まで書いたものである。

長期で見て会社をどういう方向にもっていくか、今年一年どう戦うか。また、目標を達成させるために社員一人ひとりがどう行動すればいいのか、というところまで詳しく書い

てもらっている。

会社の売り上げが一〇億円なら、その会社の事業発展計画書は一〇億円の価値があるし、売り上げが一〇〇億円なら、その会社の事業発展計画書は一〇〇億円の価値がある。その会社のすべてが詰まっていると言っていい。それほど重要なものだ。

その事業発展計画書をつくり上げるための勉強会が「無門塾」である。全八講座にてつくり上げるのだが、二泊三日の泊まり込みでは、夜遅くまでともに考えディスカッションをしたりする。このとき、例外なくみんなが自分の息子、または娘に会社を継いでほしいと口にするのだ。

なかには、参加した理由を訊くと「息子は会社に入らないものだとあきらめていたが、『入りたい』と言い出したので、今のうちに今後の展開を真剣に考えなくてはいけなくなった」とうれしそうに語る社長もいる。

私の父もそうだ。私が、入協して出社した初日、あんなにうれしそうな父の顔を見たことがなかった。

「無門塾」ではさまざまな年齢層の経営者が参加している。業種業態も参加する理由もさまざまだ。先に述べたように「息子が入社する前に、会社の方向性をある程度決めておきたい」という方もいれば、最近では二代目、三代目の参加者も増えてきて「父から言われて来ました」という方、「原点回帰で、父親がかつて勉強した原点を自分も学んでみたかった」という方もいる。

そういった方々が年齢にかかわらず、ともに膝を突き合わせて勉強し、休み時間にはお互いの会社の話をし、勉強が終わると一緒に飲みに行き、まるで無二の親友のように酒を酌み交わす。何度もそういう場面を見てきたが、なかなか見られないおもしろい光景だ。

しかし、親子の関係になると、意外と会話がなかったり、自分の父親に対して否定的な会話が出てくることがある。私の立場的なものだろうが、社長（父親）、後継者（息子）の双方からの相談が年々増えてきている。「息子が会社を飛び出してしまった」とか、それ以前に「息子が会社に入ってくれない」という相談が特に多い。

理由はさまざまだが、単純に、父親がやっている職業が自分には向いていないから嫌だとか、社長になるのが嫌だからというだけではなく、複雑な場合が多い。

財務的にも非の打ちどころもないようないい会社であるのに、父親が厳格すぎて息子と性格が合わない。逆に仲が良い親子であったのに、結婚した嫁が自分の両親と仲が悪く、結局、嫁のほうを取ってしまい会社を辞めてしまった。父親の女性問題が許せない……。

これらの事例はほんの一部だ。会社を飛び出してしまったりするのは極端だが、会社が一社あったら一社なりの悩みというものがあるだろう。

しかし、「子が親を想う三倍は、親は子のことを想っている」と第1章で述べたが、何を言っても親というのは、やはり息子に継いでほしいと思っている。それが親心だ。そこまで数十年間積み上げてきたものが、息子が会社に入らないということで、何のためにやってきたのかわからなくなる。相談に来る社長は一様に肩をガックリと落としてやって来る。

それは、息子が親心をわかっていないのだと思うし、父親の会社を継がないということ自体が、私からすれば親不孝だと思うのだ。

私が小さい頃、父はいつも朝早く出かけ、夜遅く帰ってきた。出張族で国内外を飛び回り、何日も家を空けることも多かった。こんなことを言ったら怒られるかもしれないが、思い返してみると、父親らしいこともしてもらった覚えが少ない。「実学の門」セミナーなどで「息子の鍛え方」といった話をしているのを聴いていると、「何を言いよるのか」と感じたことさえあった。

しかし、昔から家に帰ってきて「今日会った社長がなぁ」などと楽しそうに話す姿を見て育ち、父の仕事に憧れを抱いたし、何よりも父を尊敬してきた。

だからこそ、「息子が会社を飛び出してしまった」とか、「息子が会社に入ってくれない」などと聞くと、そういう息子は何を見て育ってきたのだと私は強く思ってしまうのだ。

理事長は、「社長というのは虎の背中にまたがって仕事をしているようなものだ」とよく言う。逃げたり降りたりしたら食われてしまう。後継者は、その覚悟を持ってやらなければいけないし、社員とその家族のリスクや幸福を背負ってやっているわけである。

簡単に会社を飛び出したり、最初から「入りたくない」などという覚悟がない人は、説得するのも難しいだろうし、はっきり言ってしまうと、そういう人は最初から後継者には向かないだろう。

どうか本書を読んでくださっている後継者の方で、父親の会社に入ることを躊躇されているという方がいたら、「父親の背中」というのを思い出してほしい。会社の出来事など、きっと話を聞いていたことだろう。そのときの父親の目は間違いなく輝いていたはずだ。

自分が継がないことで、周囲にどんな影響があり、会社はどんなふうになるのか。親はどんなふうに思うのか。想像力をはたらかせて、勇気を持った一歩を力強く踏み出してもらえたらと思う。

事業承継について親子の思いを共有する

北関東にある会社の話だ。ここは一〇〇年企業で、現会長が四代目だ。四代目は、非常に優秀な経営者で、自分の代で一気に会社を大きく成長させた。そして長年現役で頑張ってきたが、ふと後継者を選ぶときに自分の子どもが二人会社に入っていた。兄と弟だ。

歳の差がかなりあったが、兄は非常に優秀で社員からの信頼も厚かった。勉強熱心で、社交性もある。しかも後継者の集まりには積極的に顔を出し、そこで弟を紹介するなど、弟をかわいがる弟思いの兄であった。後継者として非の打ちどころがない。私も何度も勉強会でお会いしたことがあったし、ときには後継者仲間で酒を酌み交わしたこともあった。

先に述べたが、年齢差があるので誰もが兄が継ぐものだと思っていたし、兄自身もそのように仲間内の経営者に話していた。

しかし、どういうわけか弟が社長に就任したのだ。突然の社長就任の連絡にはみんなが驚いた。社長交代のご挨拶の手紙を何度も読み直したほどだ。

当然だが、兄は社内に居場所がなくなった。社長になれなかったことで、まわりから「能力がない」と思われてしまうのも無理はないだろう。それでは社員がついてこない。

結局、兄は会社を辞めて、それまで両親と暮らしていた家まで出てしまった。ときどき私のところへ連絡が来るが、結婚をして子どもも生まれたが両親には会っていない状態が続いているという。

ここで読者のみなさんは、自分のことだと思って考えてみてもらいたい。子どもがいる方もいるだろう。自分の子どもと絶縁になってしまうということ、また、自分の孫に会えないということが、どんなにつらいか想像できるだろうか。

どうしてこうなってしまったのか。このトラブルだけでなく、私が見てきた親子の問題というのは九割以上がコミュニケーション不足から起きている。

親子なのだから、話せばわかるようなことなのに、はなから「ウチの父親は何を言っても聞かない」と話すこともしなかったり、あるいは話さなくてもわかると思っていたり、喧嘩をしてもすぐに謝ることをしなかったりと、ちょっとした誤解やすれ違いから生じるトラブルが実に多い。

親子というのは、特に父親と息子というのは、一緒の会社に勤めていても、一緒の家に住んでいても、コミュニケーションを頻繁にとっているかというと、実は世間話はするが会社の問題や家の問題というのはなかなか話しづらいため、お互いに会話を避けてはいないだろうか。

しかし、そうしている間にも時間は容赦なく過ぎていく。自分（後継者）も父親（社長）も歳をとっていくのである。そうして問題を先送りにしていて起こったのが、この北関東の会社のパターンだ。

兄は積極的にセミナーなどに参加して、本人もまわりの人も「会社を継ぐのだろう」と思ってはいたが、社長と本人とでそういう話は一切していなかったという。親子の間で私も知らない確執などがあったかもしれない。父親である会長がどんな考えで弟のほうを社長にしたのかはわからない。親子での情報の共有というのは重要だとつくづく思わされる。

事業承継のトラブルの九割がコミュニケーション不足が原因といったが、「それでは明日から親子でコミュニケーションをとってください」といってとれるようだったら、苦労はしない。そこで必要になってくるのが、前の小見出しでも触れた「事業発展計画書」だ。

そういったものがきちんと用意してあれば、こういった問題はまず起こらない。事前に決めてあることなのだから、さまざまな点で争う必要がないのだ。

社長の人生計画と事業永続繁栄のベーシックプラン

	項目 / 西暦			2015		2020	
社長の人生計画	社長の年令						
	妻の年令						
	社長の財産						
	その他						
後継候補と家族のグランドデザイン	後継者候補(　　　)						
	(　　　)						
	子供の計画(　　　)						
	(　　　)						
	(　　　)						
	同族の計画(　　　)						
	(　　　)						
	(　　　)						
	その他						
事業永続繁栄の長期ベーシックプラン	総合戦略　売上						
	経常利益						
	社員数						
	幹部氏名 年令 (　　　)						
	(　　　)						
	(　　　)						
	(　　　)						
	(　　　)						
	現業戦略 (　　　)						
	主力商品 (　　　)						
	(　　　)						
	主力顧客 (　　　)						
	(　　　)						
	(　　　)						
	営業所・店舗数・工場						
	その他						
	新規事業戦略　進出分野						
	事業規模						
	その他						

主な記入項目	
社長の人生計画項目	本人…年令、社長後継、会長、相談役、引退、財産と金額（不動産、現金、株、借金）、贈与、相続、遺言、趣味、ライフ・ワーク、死〈会計士、弁護士、経営コンサルタント、政治家、学者、医者〉 妻……年令、子育て、仕事、主婦、財産、贈与、相続、死
後継候補の人生計画項目	年令、教育、取締役、常務、専務、副社長、社長、後継、会長、相談役、補佐役、引退、子供・孫の就職・結婚、趣味、ライフ・ワーク
子供の人生計画項目	年令、幼稚園、小学校、中学、高校、大学、大学院、海外留学、修行、入社、結婚、婿、孫、嫁、営業、経理、生産、部長、取締役、常務、専務、副社長、社長、会長、引退、相談役、持株、財産、贈与、相続、遺言、職業、政治家、学者、スポーツマン、芸術家、医者、会社勤務、資格
事業永続繁栄の長期ベーシックプランの項目	売上、粗利益、経常利益、資本金、主要幹部、社員数、得意先数、客層変化、店舗数、営業所数、仕入先、工場、技術革新、特許、設備投資、銀行、海外進出、関連会社、子会社、現業推移、主力商品、新商品、現販売ネット、新規販売ネット、新事業分野、研究開発、M&A、FC、脱下請、自社ブランド、店頭公開、2部上場、1部上場、周年行事、社史

※以降、5年毎で考え、プランを記入していく。書き込む内容は「主な記入項目」を参考にする。

日本経営合理化協会

「事業発展計画書」を作成する際に、「社長の人生計画表」というシートを必ず最初に書き上げてもらうことにしている。そこには社長自身の年齢と、子どもの年齢、資産などから、役員の年齢まで細かく書くことになっている。五年後にどうなっているのか、一〇年後にどうなっているのか、自分（社長）が引退するとき、後継者の年齢はいくつなのか、中継ぎは必要なのか、などを書くのだ。

これが基礎の基礎となるのだが、意外と「自分の頭のなかで考えているから必要ない」と思っている方が多い。それでは相手に伝わるわけがないので、いざというときに問題が起きてしまうのだ。継ぐ側としても、一つの会社の経営を行うのだから、相応の覚悟が必要だろう。事前に社長との間で細かいすり合わせもしておきたいと思うはずだ。

なかなか後継者側から言いにくいだろうが、「社長の人生計画表」などがなく、社長がどう考えているのかわからないという方は、「こういう勉強会があるので行ってみたい」「一緒に考えましょう」と言って、とにかく早くつくることをおすすめする。多くの会社が意志や方向性のすり合わせのために親子で勉強をしている。実際に「事業発展計画書」をつくる方法は、第4章で詳しく説明していきたい。

第3章

苦労が後継者の心を強くする

起業の苦労を知ることで後継者は強くなれる

この章では私が留学した当時のことを書こうと思う。アイルランドに留学した私は、現地で起業をした。この起業には、実は創業者としての経験を積み、苦労を知るという意味も込められていたのだ。

後継者というのは、その名の通り、後を継ぐ者だ。つまりは、創業者がつくった会社を引き継ぐ役を負う。それは、自分で一から会社をつくるという経験をしないまま、会社のトップに立つということだ。

会社を立ち上げる苦労を知らずに、はたしてそのまま会社のトップに立っていいものなのか。代が変わったことで、そこから一気に業績が悪くなり、倒産してしまったような会社というのは、挙げればきりがないほどある。偉大な創業者の後をしっかりと継ぐことができず、二代目が潰してしまうようなことは、決してめずらしいことではない。

なぜそんなことになってしまうのか。さまざまな要因があるだろうが、大きな要因の一つに、後継者の力不足ということがあるのはたしかだ。代が変わっただけで、そんなにも会社の経営に影響があるということは、ほかならぬ後継者の責任だろう。

そういった後継者がなぜ会社運営に失敗してしまうのか。これもまたたくさんの要因があるだろうが、創業者の苦労を知らず、それを理解しようともせず、自分勝手に経営をしようとするからではないだろうか。そうなってしまうのも、無理はない一面はある。

血のにじむような努力を重ねて会社を大きくした創業者、その大きくなった会社をただ引き継いだだけの後継者。両者は似て非なる存在だ。それは、総じて後継者はたいした苦労を経験せずに、経営者の椅子に座ることになる場合がほとんどだからだ。大変な苦労をしたからこそ、後継者をそんな目に遭わせたくないという創業者も多いだろう。

そういった理由で、苦労を知らずに経営者になった後継者が、突然に任された会社運営をうまく進めることができず、会社自体を潰してしまうことになるのだ。

日本経営合理化協会では、そういったことのないように後継社長塾やさまざまなセミナーを通して、後継者の方々に対して経営をすることの学びの場を提供している。本書もまた、事業承継がスムーズに行われ、後継者の方がしっかりと会社経営ができるようになるための準備として活用していただけたらと思い、執筆にいたったのだ。

私自身は日本経営合理化協会の後継者であるが、留学したアイルランドの地で飲食店を立ち上げた創業者でもある。後継者でありながら、起業することの大変さを知り、創業の苦労を身を持って体験できたことは大きな財産だと感じている。そのときの経緯について本章では紹介していきたい。

三年間のことではあるが、このときの経験は私のなかにとても強く根を張っている。働くことの苦労、創業の苦労、経営の苦労、またそれらを異国の地ですることの苦労と、この時代に経験したことを思い出すと、「それに比べたら今の大変さなんて、たかが知れているな」と思えるぐらい、私の心を強くしてくれた。

おそらく、この先自分が後継者としてトップに立ってからも、たくさんの苦難に出遭うことになるだろう。それでも、「もうダメだ」とか、「これ以上は無理だ」といった弱音を吐かず、決して折れることはないと私は確信している。苦労は人を強くする。本章を読んで、その一端を少しでも感じてもらえればと思う。

後継者の留学には、明確な目的がなければならない

第1章でも述べたが、大学を卒業してから、私は三年間アイルランドに留学していた。留学の目的は二つだ。一つは英語を話せるようになるため。もう一つは、アイルランドで何か仕事をすることである。この二つを決めてから旅立った。

仕事をするというのは、留学費を出してくれた父からの課題でもあった。行く前から「日本にあるが、アイルランドにまだないものを探しておけ。それを向こうで仕事としてやってみろ」と言われていたのだ。

当初、留学する国については非常に悩んだ。今だったらパソコンで国名を入れ、「留学」「語学学校」と検索するだろうが、当時はインターネットもない時代だ。「アメリカか、イギリスかな」などと思い、海外経験のある人を探して話を聞いたり、知り合いの知り合いを紹介してもらったりと、大学三年のときに手当たり次第に人に会って情報を集めた。

インターネットもなかった時代というのは、今思うと、そういった紹介などで成り立っ

ていた部分が今以上に多かった。ありがたみを感じることも多く、不便だからこそよかった部分もあったのかもしれない。

結果的にアイルランドになったわけだが、なぜアイルランドかとよく訊かれることがある。アイルランドはイギリスの隣にある島国で、北海道ほどの面積しかない。大西洋に面していて、その向こうはもうアメリカ大陸だ。

北海道とほぼ同じ緯度に位置しているが、雪は降らず最低気温は零度までいかない。しかし、大西洋からの吹きっさらしの風が強く、体感温度は低いかもしれない。夏は夜一〇時まで明るいが、逆に冬は朝七時まで暗く、夕方五時にはもう真っ暗だ。

アイルランドはもともと「アイルランド語」を使っていたが、戦争でイギリスの統治下にあった時代に英語を使うように強要されたのだった。そして、痩せた土地だったこともあり、アイルランド人は飢えに苦しみ、多くの人がアメリカに渡った。

今ではアイルランド語は一部の村でしか使われていないため九割の人は話せず、大学で第二外国語として教えられているのみだ。北アイルランドはいまだイギリス領となっていて、それを解放しようとＩＲＡが爆弾テロを起こしていることは日本でも報じられていた。

実際、私が現地にいる間に数回大きな爆弾テロがあり、心配した友人や家族から電話がかかってくることがあったが、北アイルランド解放のためのテロなので、大概、標的はロンドンなどだったため、アイルランド国内の治安はほぼ日本と同じようなものだった。

行ってから私が驚かされたのは宗教だ。カトリックなのだが、世界で一番厳格に戒律を守っていたのではないだろうか。信じられないことだが私が行く一年前に「避妊」が、滞在していた三年の間に「離婚」が、ようやく法律で認められるようになった。おそらく、EU統合に向けて法律の整備が進んでいたのだろう。

そんな国だったので、一世帯当たりの子どもの数は平均四人だった。知り合いのなかに一〇人兄弟という人も二人いた。「結婚が禁止されている教会の牧師さんが、若い女性と駆け落ちした」とか、「駆け落ちした牧師と女性がスコットランドで見つかった」などというニュースが連日新聞の一面に載るような、ほのぼのした国であった。

そんな国に決めた理由は二つあった。まず、日本人がほとんどいない。当初考えていたアメリカやイギリスにはすでに日本人社会ができあがっていて、乱暴な話、英語を話さなくても生活できてしまうのだ。アイルランドはフランス、イタリア、スイス、ドイツ、スペインなどが近いので、各国から学生が英語を学びに来るため、ヨーロッパ各国に友達ができ、日本人で固まることもないだろうと考えた。

それともう一つの理由が、叔父から「アイルランドに行ってみたらどうだ。おもしろい国だぞ」と言われたことだった。気になってアイルランドについていろいろと調べると、当時はウィンドウズ95が発売された直後だったが、実にその七〇%がアイルランド製ということがわかった。第二のシリコンバレーと呼ばれるくらい、コンピューター関連の工場が進出していたのだ。北海道くらいの面積の国に日本企業の工場だけで三〇以上もあった。

ツキもあった。叔父が当時勤めていた会社もアイルランドに工場を建て、その設立に叔父が大きく関わっていたのだ。そして、そのアイルランド支社長のデクランという息子さんが、ちょうど日本に滞在していた。

アイルランド人というのは身長がそれほど高くなく、そして髪の毛は赤い。デクランも一七五センチくらいだろうか。紹介してもらった彼の第一印象は、「外国人にしては背が高くないな」だったが、ボクシングをやっていたというだけあって体格はしっかりしていた。

デクランは首都にあるダブリン大学に在学中で、一年間日本に経営の勉強のために留学しに来ていた。現地の話を聞いたり、京都を案内したり、逆に夏休みにアイルランドに遊びに行ったりした。年齢が近いこともあり、すぐに意気投合すると、週に何回も一緒に飲みに行った。次男だったデクランは悠々自適な生活をしていたので、このときから「アイルランドで一緒に仕事ができたらおもしろいな」という話で盛り上がっていたのだ。

デクランもだが、アイルランド人というのは酒をこよなく愛す民族だ。平日の昼間だろうが、パブにはいつも飲んでいる人がいる。

アイルランドのパブのスタイルは立ち飲みだ。店内にある柱に申し訳程度に付いているテーブルに飲み物を置き、とにかく話す。酒の席の話のネタにと「ギネスブック」ができたくらいだ。今は全面禁煙になってしまったが、テーブルの上に置かれた巨大な灰皿はいつも吸い殻でいっぱいというイメージだった。

アイルランド人は基本的に親日で、よくパブで知らないアイルランド人に話しかけられた。そこで「酒が好きだ」と言えば、「お前はいい奴だ」と言われるくらいだ。大学時代に酒は嫌というほど鍛えられたが、意外にもこんなかたちで役に立った。

こうして私は、デクランを介して学校を決め、ホームステイ先まで決めることができた。

親の目の届かないところで、一から自分のポジションをつくる

三年という時間は、永くもあり短くもある。留学の目的の一つ目、英語を話せるようになるために、最初の一年間、英語の勉強を本当に必死になってやった。

語学というのは会話を聞き取れることが重要だ。相手の言っていることが理解できなければ、返答できないからだ。アイルランドに行った当初は、相手が言ったことの三〇％も理解できなかったのではないだろうか。

大学四年のときに一年間英会話スクールに通ってはいたのだが、私にとってそれは意味を成さなかった。日本での一年間の勉強は、現地での一週間にすら値しなかったのだ。

最初の半年はホームステイをして英語を話さなければならない環境に身を置き、とにかく朝から晩まで英語漬けの生活を送った。

朝起きて学校へ行く準備ができると、ホストファミリーと会話をしながら朝食を食べ、片道一時間かけて歩いて学校へ行き、夕方まで先生やほかの生徒とディスカッションをす

る。学校が終われば、クラスメートとお茶をしたり、買い物をしたり、ときには飲みに行ったりもした。雨の日も風の日も規則正しい生活を心がけた。

一カ月、二カ月と過ぎてくると、最初は三〇％しか理解できなかった相手の会話は、五〇％、六〇％と理解できるようになってくる。そうすると、スイス人、フランス人、イタリア人、ドイツ人などが話しているのを聞いて「ああ、こんな言い回しもあるのか」と、「自分より少し英語がうまい人」の会話が真似できるようになってくる。そうするとコミュニケーションをとるのが楽しくなってくるので、そこからの上達は早かった。

一年後、生活会話は問題なくできるようになっていた。久しぶりに会うデクランは、私の英語の上達ぶりに驚いていた。そしてそこから頻繁に連絡を取ったり、食事をするようになり、二人で起業することを決めたのだった。

アイルランドに居住権も持っていない外国人の私が、一人で起業するのは無理がある。ビザの関係や弁護士、会計士などデクラン側にはさまざまな人脈があった。それならば、二人のほうがスムーズに起業できると考えたのだ。実際、デクランのおかげで多くの方々にお力添えをいただくことになり、共同経営のかたちをとって正解だったと思っている。

何の会社を立ち上げるのか、二人の間でいくつも案が出た。その当時、アイルランドでは日本の中古車事業が盛んだったため自動車関連の事業などのアイディアも出たし、アイルランドに進出してきている企業の周辺事業なども考えた。酒や音楽などアイルランド文化に絡めた事業など、実にさまざまな案が出たのだ。

そのなかで、経済成長期でもあったため「アイルランド人が異文化に目を向ける時期でもあるし、日本という国を紹介するような仕事をやろう」という話になった。当時のアイルランドの変化は本当にめまぐるしく、私が住んでいた第二都市・コークという街は、三年の間にホテルがバンバン立ち並び、新しい道路がつくられ、人々の生活が豊かになっていくのが手に取るようにわかった。

そこで、我々は、コーク初の日本食レストランを開くことに決めた。

海外の街というのは、都市機能と居住エリアが明快に分かれていることが多い。街中は日本と同じようにオフィス、レストランなどビルが立ち並ぶが、車で一〇分も走り街を出ると、もう田園風景になったりする。コークはそれが特にハッキリしていた。

第二都市といっても、街の中心部は東京の町田駅近辺ぐらいで、車で一〇分で通り過ぎることができる。そのなかにパブが二〇〇軒、レストランが二〇〇軒ほどあった。

そこから居抜き物件を探すことは難しいことではなかった。我々はいい物件にいくつかアタリをつけて、事業計画を立てた。お世辞にも「よくできた計画」とは言えなかったが、地元銀行からお金も借りることができた。

私はアイルランド人から見ればただの「外国人」であったが、デクランの父親が有名企業のアイルランド支社の社長ということもあったのだろう。日本でいうバブル状態だったこともあるかもしれない。審査が通ったのは運がよかったとしか言いようがない。その日は祝杯を挙げたのだった。


私もデクランも、当時はとにかく若かった。二人とも、親の目が届かない場所で「社長」となったことに酔っていたのかもしれない。「こんなに簡単に起業ができるものなのか」と図に乗ってしまったのがいけなかった。事業とはそんなに甘いものではないと、この後つくづく思い知らされることになる。

このように始まった事業であった。私が帰国する際の結果的な話で言えば、成功と言えるかもしれない。しかし、紆余曲折、さまざまな体験をした。「それも結果的に言えば自分の肥やしになったからいいではないか」とおっしゃってくれる方もいる。

本章の最初でも書いたが、後継者というのは創業当時の苦労は知識として伝えられて知っているかもしれないが、体験している者はいない。アイルランドでの創業の経験というのは、後継者である私にとってこれ以上ない経験になった。

「親の目の届かないところで、一から自分のポジションをつくる」ことは、後継者をたくましくする。

普段は、後継者という立場であるため、ある意味生まれたときから自分のポジションが与えられているようなものだ。その立場を横に置き、一時でも自分で新しく創業者という立場をつくり上げて経営をする。これほど後継者を育てる糧はないだろう。

規模の大小など関係ない。起業というのはとても険しい道であるが、もしそういうチャンスがあるなら、それこそ「そういう苦労は買ってでもしたほうがいい」と、経験者として強く言いたい。

創業時の無理難題を切り抜けなければならない

物件はいくつか目をつけていたもののなかから、すぐに決まった。街のメインストリートの一本裏手、オペラハウスの斜め前の建物の二階だった。窓も大きく、オペラハウスが一望できる景色も最高だ。席数は三〇席だ。

すべてがとんとん拍子に進んでいたことで、我々は有頂天になり、舞い上がっていた。その「とんとん拍子」のリズムが狂ったとき、言葉にできないような違和感が生じ始めた。

仕入れルートは首都のダブリン経由で確保できたものの、肝心の料理人が見つからないのだ。当時のアイルランドには日本人はほとんどいなかったので、料理人はお隣の国、イギリスのロンドンから連れてこなくてはならない。ところが、ロンドンで求人広告を出して面接に行くと、そこには日本人ではなく中国人しかいない。

それが何度もくり返されたため、次第に焦りが出てきた。「厨房から出ないし、料理人は中国人でもいいか……」と妥協することに決めると、今度は当日に空港に迎えに行っても、乗っているはずの便に乗っていないのだ。これにはさすがに参った。

並行して行っていた内装工事も、アイルランドは「残業」がないので予定通りに進まなかった。カトリックの規律が厳格に守られ、「週末は家族で礼拝に行き、家族揃って家で食事をする」「収入は家族が普通に生活できるくらいでいい」というような、「仕事より家庭」という考え方が彼らの基本的な価値観だったので、残業などするわけもない。

また、国の雇用を守るため、法律で、日本人一人に対してアイルランド人を三人雇わねばならなかった。さらに、内装に竹を使うと安く日本風に見えると考え、竹を使おうとしたが、消防法が違うので許可に何日もかかることもあった。

こうして日本人である私は、仕事を通して改めて日本とアイルランドの文化や法律の違いを思い知ることになった。

銀行から借りた資金も有限である。オープン日がずれればずれるほど、資金を圧迫した。

「このままオープンできないのではないか……」と眠れない日が続いた。

そんなとき、私は父に、料理人が見つからないことを電話でポツリと漏らした。それから数日後、深夜に突然電話が鳴った。興奮して話す父の一言によって、私は一発で眠気が覚めた。アイルランドに手伝いに来てくれる料理人がいると言うのだ。

しかもそれは、かつてデクランと訪れたことのある京都で四三〇年の歴史を持つ料亭、平八茶屋の園部晋吾さんだった。平八茶屋の二一代目にあたる園部さんは、外で修業を終えたばかりで、平八茶屋に戻るところだったのだが、修業期間をもう少し延ばして手伝いに来てくれると言うのだ。

もともと平八茶屋さんとは、長くお付き合いをいただいていた関係もあった。二〇代目の園部平八会長が、理事長のセミナーによく参加をされていたのだ。ちょうど、理事長のセミナーに参加した後、食事の席でアイルランドで料理人がいなくて困っているという話が出たところ、「海外での経験もなかなかできることではない」と自ら手をあげてくれたのだった。これは本当にありがたかった。

園部さんは、その翌週には奥さんとアイルランドまで飛んできてくれた。現地をぐるりと案内し、お店の現状を話すと、現地のシェフを一年間トレーニングするのが一番だということになった。

地元のコークなら強いもので、シェフを募集すると意外なほど早く見つかった。地元では誰もが知っているホテルのシェフだったマーティンだ。私より一つ年上のマーティンは、好奇心旺盛で、やはりコーク初の日本食レストランというのに惹かれてきたという。

シェフも無事に決まり、そしてメニュー開発から教育まで園部さんにやっていただくこととなり、今までが嘘のように急ピッチでオープンにたどり着くことができた。

店の名前は何日も何日も考え、アイルランド人でも発音がしやすいようにと、「はるばる」とつけた。意味を訊かれると「Welcome after a long journey」と説明した。結局使いはしなかったが、一応、漢字では当て字で「春春」と書くことに決めた。

手伝いに来てくれた二一代目の園部さんは、現在、平八茶屋の社長になられている。そして園部さんと半年交代でシェフをトレーニングしていただいた山本昇次料理長、「よし、お前たち、アイルランドに行って来い」と許可を出していただいた二〇代目の園部平八会長、この三人には本当に感謝している。

一勝一〇敗の経験を積み、経営者としてたくましくなる

料理人が決まり、オープンして「めでたし、めでたし」で終わったら、こんなに簡単なことはない。オープンしてからが本当の苦労の連続だった。

飲食業には「オープン人気」というものがある。オープン前に工事をしている段階で、「あれ、あそこ店が変わるのか」「新しいお店は何料理なのだろう」「オープンしたらすぐに行ってみよう」と、意外に店の前を通る多くの人が見ているものなのだ。

そしてオープンと同時に、それはもう繁盛する。入りきれず、断るくらいお客様が来てくださる。それが「オープン人気」と言われ、その期間、約一カ月である。その後、三カ月、五カ月と、飲食業は奇数月に危機が訪れると言われている。最初の一カ月は本当に忙しかった。毎日深夜にへとへとになり、「猫の手も借りたい」という日が続いた。

しかし、一カ月を過ぎると「オープン人気」が一巡したためお客様はパタッと来なくなった。週末は家族で礼拝に行き、家族全員で家で食事をするという考え方が基本のため、

日本なら稼ぎ時であるはずの週末がサッパリだった。当初は土日もオープンしていたが、街自体がゴーストタウンと化しているので、すぐに土日の営業をやめた。金曜日の一日のみがチャンスなのだ。週の中日など、お客様が一人も来ない日もあった。

飲食業は日銭が入ってこないと本当にきつい。ボディーブローのように赤字がかさんでくる。会社は赤字では倒産しないが、資金が止まれば倒産してしまう。ちょっとでも売り上げが立たないと危険なのだ。それでも、日本から来てくれている園部さんたちの給料を削るわけにはいかない。一時は自分の給料を削って、スタッフの給料を払うこともあった。

苦境を脱するためにさまざまな努力をした。お昼休みにアルバイトの友達や家族を呼んで、新しいメニューの試食会をやったり、口コミで人を集めたり、街頭で割引券を配ったり、それこそ日本食普及活動のような感じでなんでもやったわけだ。

一〇も一〇〇も、たくさん思いつくことをすべてやって、そのなかでかろうじて何人かお客様が来てくださるという状態だった。本当に一勝一〇敗のような経験だったのだ。

苦労を重ねる日々が続き、オープンして四カ月くらい経ってからだろうか。店の業績は良くも悪くもないという日が続いたが、なんとかきちんと回るようになってきた。

そんなときに店内で事故が起きた。トイレに席を立ったお客様が、廊下で滑って転んでしまった。廊下が雨で濡れていたのだ。スタッフに「大丈夫ですか？」と声をかけられたお客様は「ワインを飲みすぎて」と笑っていたし、帰る際もスタッフと談笑していた。

しかし、後日「転んで怪我をしたので、慰謝料を請求する」という電話がかかってきたのだ。日本ではありえないだろう。

訴訟の多いアメリカでは、ある家の前を通ったら落ち葉で転んで怪我をしたので慰謝料を請求したとか、泥棒が盗みに入った家で、逃げる際に屋根から落ちて下半身が動かなくなり、それを泣きながら陪審員に語り勝訴したなどという話を聞いたことがあった。

しかし、まさか自分に降りかかるとは思っていなかった。「本当に海外ではあるのだな」とゾッとしたものだ。幸い、その場はデクランがうまく対応してくれた。念のために弁護士にも相談したが、その後、お客様から電話がかかってくることはなかった。

ただ、そのお客様がその後お店に来ることもなかった。なんとも後味の悪い結果になってしまったが、気を引き締める出来事となった。

また、こんなこともあった。日本人女性の留学生が「学校が終了するので働かせてほしい」と店にやってきたのだ。デクランも私も、日本人スタッフが増えるのは店の雰囲気も変わるため、即ＯＫした。

しかし、問題はそれからだった。就労ビザが必要になるのだが、アイルランドの役所はとにかく反応が遅い。当時、ビザの更新や切り替えに、最低三カ月前から申請しないといけないと言われていた。いくらなんでも遅すぎるが、役所に催促することはご法度だった。許可をする人の機嫌を損ねると、ビザは一生下りないというのだ。

アイルランドと日本ではこうした点のスピード感覚が全然違った。彼女には三カ月待ってもらったが、それでも返事は来ない。とうとう彼女の学生ビザも期限が来てしまうため、泣く泣く謝ってお断りをしたということがあった。

結果は四カ月後に届いたが、なぜか許可は下りなかった。私をはじめ、園部さん、山本さんと問題なかったのに、なぜ彼女に対して許可が出なかったのか、今考えても不思議でならない。こうしたアイルランド全体のスローさ加減には、私は最後までなじむことができなかった。

会社というのは、お客様のために存在するものだ

レストランの経営をしている間、どうしたらいいものかと頭を抱えたことが何度もあった。会社というのは、儲かっているときに問題は起きない。業績が落ちてくると、今まで問題ではなかったことが、急速に表面化してくるものである。経費も節約し過ぎると、社内のいろいろなところがギスギスしてきたりもするのだ。

表面化してきた問題の一つは、日本とアイルランドにおけるさまざまな違いだった。まだ英語が流暢ではなかった園部さんや山本さんと、マーティンの間で、言葉の行き違いからたびたび険悪なムードになることがあった。片言の英語では、単語一つ間違えば相手に対してストレートな表現になってしまうことがある。対するマーティンは、「なぜ日本人はコミュニケーションをとろうとしない？」「教えてくれればできる仕事も自分でやってしまうのか」と、声を荒げることもあった。言葉の壁の厚さには、本当に苦労をさせられた。

マーティンには一流ホテルで働いていたというプライドもあったのだろう、それがときに日本的なスタイルを受け入れることを邪魔する部分があった。一方の園部さんは京都の老舗料亭の二一代目だ。その伝統を重んじるやり方をマーティンに理解しろと言うのも、無理があったのかもしれない。教えるほうの園部さんにも、とても根気がいることだっただろう。

また、料理に関しても、日本料理は盛り付けまで含めた「繊細さ」が魅力だが、アイルランド料理は焼いただけ、揚げただけといったとても豪快なものだった。これは料理だけではなく、内装工事の仕事ぶりを考えても、アイルランド人の仕事には日本人の私から見ると粗さが目立つことが多かった。

民族的な感覚の違いが大きいのかもしれないと思い、私は何回も双方の間に立ってなんとか関係を取り持つようにしていた。そんなある日、園部さんは意を決して、マーティンに「こういうふうにしてほしい」という要望を文章に書いて渡そうとした。ところが、それを見たデクランが「これでは喧嘩になる」と、その手紙を破り捨ててしまったのだ。

これが引き金となり、店はアイルランド人と日本人の真っ二つに分かれてしまった。これには本当に頭を抱えた。私は園部さんの意見を聞き、正確にマーティンに伝える努力をした。その場はなんとか収まったが、完全に修復するにはさすがに時間がかかった。

お店が終了してから全員でパブに行ったり、休みの日にバーベキューをしたり、私はとにかくコミュニケーションをとる場所をつくるようにした。店をよくしたいとは誰もが思っているのだ。そういうことをお互いに自分の言葉で語らい、「この人はこういう人なのか」と理解していく機会を増やすようにしたわけだ。そうすることで摩擦は減っていき、スタッフ全員が一丸となることができたのだった。

また、こんな衝撃的なこともあった。デクランが、会社のクレジットカードを使って、休みの日に出先で私物を購入していたことが発覚したのだ。一人でクレジットカードの明細を見ていたときに気づいた私は、「本当なのか?」と目を疑った。

使われた金額は高額ではなく、頻度も多くはなかった。しかし、これは明らかに公私混同だ。会社を潰す根源はやはり公私混同にある。デクランにきちんと言わなければならないと思った。それにこのときは、お店もそれほど楽な状態ではなかった。スタッフ全員で頑張って稼いだお金を使ったことに対して、私は猛烈に腹が立ったのだ。

次の日の閉店後、二人だけになったところで、私はデクランにそのことを伝えた。私がパートナーであるデクランに対してこんなに怒ったのは、最初で最後だっただろう。彼は黙って聞いていたが、問い詰めると認めたのだった。

社長だからといって何をしてもいいわけではない。現代経営学の父であるピーター・Ｆ・ドラッカーも「会社というのは社会貢献をするための公器」（上田惇生著『ＮＨＫビジネステキスト　ドラッカー「マネジメント」二〇一一年六月（一〇〇分ｄｅ名著）』ＮＨＫ出版、二〇一一年刊行）と言っている。

その「公器」のなかには家を建ててくれる会社もあれば、インフラを整備してくれる会社もある。あたたかい食事を提供してくれる会社もあれば、趣味など人の生活に花を添えてくれる会社もあるのだ。

会社というのはお客様のために存在するのであって、決して自分のものではない。それは頭ではわかっていたことだが、身を持って体感させられた出来事だった。

商売の転機は、意外なところから訪れる

さまざまな苦労を挙げてきたが、もちろんいいこともあった。

アイルランドは自国の産業である黒ビールやウイスキーを優遇している。ギネスは日本でも有名だろう。ウイスキーのブッシュミルズは世界で最も古いウイスキーの蒸留所だ。

それを売る「アイリッシュパブ」は小さい都市であるコークでも二〇〇軒もある。そのパブを守るためにレストランでビール、ウイスキーを扱うためには特別なライセンスが必要だった。

しかし、このライセンスが簡単に取れない。オープンしてから最低五年以上は取れないと言われている。しかも、客席数に対してトイレがいくつないといけないなど、さまざま決まりがある。非常に狭き門なのでコークのなかでも私が知るかぎり、ライセンスを持っているレストランは二軒ほどだった。

そういった理由で、アイルランドでは「食べるところ」と「飲むところ」が明快に分か

れているのだ。食べながら飲む日本とは違う。

私はライセンス取得をなかばあきらめて、ほかの方法を考えた。すぐ隣の建物の一階がパブだったので、そこに通いバーテンと仲良くなった。そして「どうしてもビールが飲みたい」というお客様には、隣のパブから出前を頼むようにしたのだ。ちょっとくらい高くてもお客様からは喜ばれた。

ワインは別ライセンスで売ることができたので、こちらは問題なく販売できた。そして何よりも運がよかったのは、日本酒は英語で「ライスワイン」と言うので、問題なく販売できたことだ。コークのなかでも日本酒を扱っているのは我々の店だけだった。これが飛ぶように売れた。

日本から熱燗機を取り寄せたが、一年中通して気温が低いアイルランドではこれまた熱燗が売れるのだ。粗利も高く、日本酒にずいぶんと助けられたわけだ。

そして、夏が訪れたときに、転機があった。コークは大西洋に面する港町である。大西洋を回遊するマグロを追って、コークに日本のマグロ漁船が来たのだ。七月、八月と、月に数十船もやってきた。

マグロ漁船のクルーたちは、陸に滅多にあがらない。彼らは日本食に飢えていて、一度陸にあがると大宴会をするのだ。どこかで我々の店の噂を聞いてきたのだろう。三〇人で店を貸切りにして、数日、大宴会が続いた。信じられないぐらいの量の料理を注文し、酒を飲む量も半端じゃない。お店の酒が空になるほどだ。

一番うれしいのが会計のときだ。彼らは陸に数日しか滞在しないので、お金を両替しない。何で払うかというと「マグロで払うよ」と言うのだ。現金が入ってこないのはつらいと思うかもしれないが、この頃のお店は多少の余裕があったし、何よりも、「損をして得を獲れ」とも言う。このマグロが後々大きな利益をもたらしてくれることになる。

料理長の山本さんと私で、お店が終了してから、港の船に車を横付けしてマグロを受け取ろうとすると、「まぁ、飲んでいけよ」ということで、船のなかでも宴会だ。信じられないだろうが、当時のアイルランドは、日本で言う「中ジョッキ」二杯までなら、酒を飲んでも運転していいことになっていたのだ。

我々が「そろそろ失礼します」と言うと、「じゃあ、マグロやるよ」と言われて冷凍庫に案内された。そして、マイナス四〇度の冷凍庫からボンボン、ボンボンとマグロを運び出すのだ。その量、築地で買うと数百万円はすると山本さんは言っていた。

そんなことが七月、八月と毎週一回ペースで続いた。船団が出ていくと代わりに次の船団が入ってくるのだ。これだけもらった大量のマグロは、当然、お店の冷凍庫に入りきらない。肉屋さんに保存してもらったが、その量は一年間お店で使える量であった。

そのマグロをどうしたかというと、今でこそ有名になったが、お客様の前で月一回、解体ショーを行った。マグロは「ツナステーキ」など、外国人も食べるので、非常に評判になった。握りを目の前でつくったりして、それはもう人気となった。ほかの店ではありえないイベントが口コミで広がり、おかげで業績は回復に向かったのだった。

そのヒットを電話で理事長に報告したところ、理事長は講演のなかでアイルランドでマグロが獲れるという話をしたそうだ。その話を聞いて、すぐにアイルランドに飛んできたのが喜代村という会社の木村清社長であった。

仕事を通じた人間関係は、その場かぎりで終わらない

喜代村の木村社長は、秘書を連れて「アイルランドにマグロの仕入れ拠点をつくりたい」と突然、お店を訪問することになった。ホームページもなかった時代なので、現地で何から何まで私が手配した。

しかし、木村社長が到着する日、ちょっとしたハプニングが起こった。私はコークの空港で待っていたのだが、その日は霧が酷く、木村社長が乗っている便が着陸できず、シャノンという空港に着陸が変更になってしまった。シャノンとはコークから車で三時間だ。シャノンからコークまで臨時のバスが出るのだが、その到着を私は空港で夜中の三時まで待つこととなったのだ。

時間が過ぎるとともに、私はこのハプニングをすっかり忘れていた。しかし昨年、木村社長と話していたときに、何かのきっかけで当時の話になり、「あのときは申し訳なかった」と何度も頭を下げられた。一五年も前のことであるし、何よりも私自身が忘れていた

くらいなので恐縮するとともに、人への義理や恩を大事にされる方なのだなと改めて尊敬したのだった。

木村社長の滞在は三日間くらいで、まさに弾丸訪問だった。その間に現地法人の設立の手続きなどをこなして、慌しく帰国していった。

木村社長が築地に「すしざんまい」の一号店を立ち上げたのは、その二年後だった。そのとき私は、すでに日本に戻っていた。三年という期限を決めてアイルランドに行っていたので、後ろ髪を引かれる思いだったがデクランにお店を譲って帰国し、日本経営合理化協会に入協していたのだ。

「すしざんまい」の一号店ができたときは、理事長から「みんなで食べに行って応援してあげてくれ」と言われたものだが、店にはいつ行っても行列ができていた。助ける必要などなく、「すしざんまい」は、あれよ、あれよという間に大きくなっていった。

今では全国に五四店舗までになっている。テレビへの露出もすごいが「すしざんまい」をここまで一躍有名にしたのは、マグロの初セリで一億五〇〇〇万円という史上最高額で落札したことだろう。築地は、二〇〇一年まで年間来場数が一五〇万人を切っていたが、今では六〇〇万人にまで増えているという。まさに「すしざんまい」効果だ。

木村社長には、勉強会や社長会などで頻繁にお会いするが「今あるのは太陽さんのおかげ」と、ことあるたびに言ってくださる。本当に何をしたわけでもないのだが、木村社長のような方に言っていただけると、私としてもうれしいかぎりである。

それにしても、人の「縁」とはわからないものだ。出会いは一瞬だが、その「縁」が、後々の人生に大きな意味を持ってくることがあるからだ。そして、やはりこれも当時の「縁」なのだが、昨年より平八茶屋のマーケティングの指導をすることになった。当時の恩を返すことができ、とてもよかったと心から思っている。

これは、アメリカで無一文から「紅花」という鉄板焼きチェーンを創業した故・ロッキー青木氏の言葉だが、「本当に重要なのは、ノウハウではなくノウフーだ」と、彼は講演のなかで何度も言っていた。「振り返って見てみると、成功した理由は、決して小手先のテクニックではなく、誰を知っているかが重要だった」ということだ。

アイルランドの人たちとも、帰国後に仕事で「縁」があった。デクランの父親は会社をリタイアし、今はコンサルティングをしていて、デクランはその手伝いをしている。日本経営合理化協会でEU視察があった際に、訪問先を何社か紹介してもらったり、アドバイスをもらったりもした。どこで何がつながるか、先のことはわからないものだ。袖触れ合

う も何かの縁。その縁を活かせるかどうかはその人次第なのだ。

今は便利な世のなかになった。パソコンで検索をすれば、ちょっとした調べものなど簡単にできる。しかし、「本当に知りたいことは、そのなかには決してない」と私は断言する。

パソコンのなかには「知識」しかなく、それを現実社会のなかでどう活かすかという「知恵」は、実際に現地に行って、さまざまな人との出会いや出来事に遭遇して、そこから自分の五感を通して学ぶことでしか身につかないからだ。

この本をお読みいただいている方には、ぜひ、もっともっと積極的に外へ出てほしいと願う。パソコンや会社のなかには何もないのである。待っているのではなく、自ら動いて情報を取りに行ってもらいたい。そうすれば、これからの人生で、必ず出会うべき人に出会ったり、出会うべき商売のヒントに出会うはずである。

「今の自分というのは、今まで出会ったすべての人の総和である」とジョンソン・エンド・ジョンソン元社長の新将命先生も言っている。このようなことは二〇代、三〇代では思いもしないことだが、私も四〇代に入り、まだまだではあるが、二〇代、三〇代でなにげなく出会った人たちが今の自分を形成しているとつくづく感じている。

修業期間は、タイムリミットを決めて行うこと

先にも述べたように、「すしざんまい」がオープンしたときには、私は日本に帰国していた。最初から三年というタイムリミットを決めてアイルランドに行っていたからだ。

「三年間」という期間に決めたのは、帰国後のことをなんとなくイメージしていたからだが、正直に言えば、最初は深く考えてはいなかった。しかし、帰国して日本経営合理化協会に入協してから「三年間」という期間がいかに重要であったか実感することになった。

大学を卒業してからの三年間というと、同時に卒業した同級生が社会に出て後輩の一人や二人できている期間である。これが五年にもなると、早い人だとすでに役職に就いていたりする。もし、五年間、海外に行って帰ってきていたのなら、帰国してからそういう人たちに追いつくことは難しかっただろう。

後継者のなかで、大学を卒業して、他社の会社で働く〝修業〟に出るようなことになる

人も多いだろう。他社で働く経験のなかで、外から自社を冷静に見る機会があるかもしれないし、また父親の会社に入社してからでも、第三者的な目線で自社を見ることができるようになるかもしれないからだ。

他社で修業をさせてもらう場合、タイムリミットというのを必ず考えてもらいたい。その会社で長く働いていれば働いているほど、抱える仕事量も増え、その会社からの依存度が高くなってくるからだ。

その会社で三年、五年と働いていれば、それなりのポジションになってくる。そのときには自分もその仕事がおもしろくて、辞めたくなくなってしまうかもしれない。そのときに辞める・辞めないというのは、お互いにとってプラスにはならないはずだ。

自分にとって、他社での修業は何が最終的な「目的」で、何が「目標」なのか最初からはっきりさせておくことが重要だ。

私は仕事柄、「息子の修業先をどこか紹介してくれないか」と相談を受けることがある。普通はお断りをしているが、なかには親しい方でどうしても断れないということがある。引き受けて、これまた親しい方に事情を話して「期限付きで預かってほしい」とお願いするのだが、当然責任が発生するので慎重に行わなければならない。

その際、父親の会社の業種とまったく違うところで修業しても意味がないような場合もある。たとえば、メーカーだったらメーカー、食品系だったら食品系、飲食だったら飲食などが望ましいとは思う。

　地域や業種業態など、ライバルではないが似て非なる会社を選ぶのがベストであるが、なかには違うケースもある。父親の会社が大手の下請けの会社であれば、違う業界の大手の下請けの会社にお願いをしたこともあったし、父親の会社がホテルであれば、まったく違う企画会社にお願いしたこともあった。「○○業界」ということにとらわれず、何を学んだほうがいいのかで変わる場合もあるのだ。

　ありがたいことに、預かってもらった会社の社長たちからは、「こちらが助かった。非常に優秀で、もっといてもらいたかった」と言っていただいている。こういうふうにしっかりと期限を決めて、そのなかでしっかりと働き、しっかりと学ばせてもらい、そして期限が来たらズルズルとしないで父親の会社に戻らなければならない。

　後継者が外で修業をしている間も、父親の会社では同じように時間は流れている。中小企業では戻るタイミングも重要なのだ。タイミングを間違えば、役職に就くタイミングもおのずと変わってくる。その点は気をつけてもらいたい。

　こんなことを言うのは、私がアイルランドに行っていたのは三年間ではあったが、当時、帰国してからそのギャップをものすごく感じたからだ。「時間の流れが明らかに違う」というのが第一印象だった。たった三年だが、私が住んでいる地元の駅にはいつの間にか映画館ができていて、そのまわりはいつも交通渋滞が起きるようになっていた。

衣食住、すべてにおいて流行は変わり、変化の速さに驚かされた。恥ずかしい話だが、ダンボール数個いっぱいに詰まったアイルランドから持ち帰った服は、古臭くてとても着ることができずに、そのまま捨てることになった。

そこから一五年、各企業は自社のホームページをつくり、ネットでモノを売り買いするようになり、ネット世界は現在進行形で目まぐるしく進化してきている。また、リアルな世界でも高速道路や新幹線が次々開通し、リニアモーターカーも現実味を帯びてきている。

世のなかを変えるのは、交通網と情報網である。それにともなって、新しく生まれる市場もあるし、消えていく市場もある。その混沌のなかにビジネスチャンスは存在するのだ。

私自身がそういう経験をしているので、いわゆる評論家の方々が、「今の日本は少子高齢化が進み、衰退していく」「アジアに目を向けろ」などと言っているのを聞くと、「何を言いよるか」と思わず反発してしまう。そんなことを言うのは、海外で生活をしたことのない評論家の意見なのではないだろうか。

海外生活のある私から見れば、間違いなく日本は変化のスピードも最速レベルだし、生活水準も最高レベルだ。「市場が少なくなっている」とは言われているが、まだまだ人口は一億二〇〇〇万人、世界で一〇位である。国内でも市場はいくらでもあると私は感じている。評論家の意見だけを鵜呑みにして、将来に対して暗くなる必要はないはずだ。

何よりも、会社として生き残るために、その変化に合わせて商品も人も進化をし続けることが重要なのだ。ぜひとも、これから会社を引き継ぎ、日本を背負う後継者の方々には希望を持っていただきたいと思う。

〝外の世界〟から会社を見つめる機会をつくる

日本を離れ、アイルランドの地で過ごした三年の間に、私は何度も日本のことを考えた。日本とアイルランドの違いについていろいろと書いてきたが、現地に住む時間が長くなればなるほど、私は二つの国の違いを思い知らされた。そのおかげで、普通に生活していたら気づくことのない日本の良さをたくさん見つけることができた。日本にいるだけだったら、絶対に見えてこないことが見えてきたのだ。

これは国にかぎったことではない。会社でも同じだ。ずっと自分の会社だけにいたら、見えてこないものがある。自社を飛び出し、〝外の世界〟に身を置くことで、多くの違い、自社の良さなど、さまざまな気づきを得ることができる。

第1章に、父親と喧嘩をして会社を飛び出した息子の事例を挙げたが、彼は二年間、他社に身を置いたことで、自社のことを〝外の世界〟から見つめることになった。他社で仕事をするなかで、自社との違いを意識し、自社への思いがより強くなったのだ。これは他社に入って修業する場合にも言えることだ。

〝外の世界〟に出ることで、それまで気づかなかったことが見えてくる。これほど貴重な経験はないだろう。

私がアイルランドに行く際、理事長より「日本にあるが、アイルランドにまだないものを探しておけ。それを向こうで仕事としてやってみろ」と言われた。同じように、ときには海外をはじめ、〝外の世界〟に出て、冷静に自社を、ひいては日本を外から見つめ直す機会を持つべきだ。

私のように三年間も海外で生活することは、誰もができることではないだろうが、そうした機会をぜひつくってほしい。海外視察や海外研修の機会はもちろん、人によっては海外の学校で勉強したり、短期留学するような機会があればぜひ行ってもらいたいと思う。

プライベートの海外旅行の場合も、現地で少しでも後継者の視点を持ってまわりを見るようにしてみれば、得られるものがきっとあるはずだ。せっかく〝外の世界〟に来たのだから、少しだけ意識して角度を変えて物事を見るように心がけてもらいたい。

私自身、〝外の世界〟に身を置く機会を大切にしている。

アイルランドから帰国し、日本経営合理化協会に入協して七年ほど経った頃、三人の親しいお客様から、「太陽さんのいたアイルランドは、普段あまりなじみがなく行く機会がなかなかないから、ゴールデンウィークを利用して連れて行ってくれないか」と言われたことがあった。懐かしいアイルランドに再び行けると思い、私は二つ返事でＯＫした。

アイルランドから日本に帰国したときのギャップの大きさは書いたが、同じ国をこうやって行き来して冷静に見比べると、最初に行った頃とは立場も違うし見方も変化してくるものだ。

ましてや今回は三人の経営者と一緒だ。さまざま視点を持った彼らと行動をともにすることで、自分一人では気づかない点にも目を向けられるだろう。

このときのアイルランドは金融危機の前であったが、空港のリニューアル、ホテルの乱立、高速道路の建設、海底トンネルの開通、激しい人口増加による住宅の建築ラッシュと、街を包み込む空気というか活気が感じられ、「どこか日本のバブルに似ている」と飲みながら話したものだ。そして、逆に外から見た日本のことや、お互いの会社について語り合ったのだった。

海外に行ったことで、新たな販路を開拓した事例もたくさんある。今の自分にある知恵や知識が、〝外の世界〟の新たな刺激と化学反応を起こして、商売のヒントが出てきたりすることがあるのだ。向こうの商品や技術を日本に持ってきて商売になるケースもあれば、日本の商品や技術を向こうに持って行って商売にするケースもある。

先ほど、「国内でも市場はいくらでもある」と書いたが、「海外に行かなくてもいいのだ」と思ってもらっては困る。「日本にはこういうものがなかった」「これを日本で売ればいい」など、外に出ることで新たな発見がある。ただ同じところにいるだけでは、「井のなかの蛙」になってしまうだろう。

実際にこんな例があった。三〇人のお客様と一緒に、シンガポールに視察に行ったときのことだ。車や家の塗料が長持ちするように「コーティング剤」を研究開発している会社を訪問した。

そこで担当者の話を聞いていると、参加者の一人が急に熱心に質問を始めた。

「このコーティング剤は、店舗のフロアにも応用できるものなのですか？」

質問していたのは、大手の飲食店の清掃を引き受けている会社の社長だった。そのときは、「フロアに使うものですと、滑らないようにしなくてはいけないですが、十分可能です」という返答だった。

それから半年以上、その社長は足繁くシンガポールに通い、ついにはフロア用のコーティング剤を共同開発し、それを日本に持ち込んだ。床の輝きが増すうえに、汚れも簡単に拭き取れると取り引き先の企業からは大変好評を受けたそうだ。このコーティング剤を武器にエリアを拡大している。

また、逆に日本の商品を向こうに持って行った会社もあった。東南アジアはどの国々も日本より気温も湿度も高い。照りつける日差しも日本とは比べものにならない強さだ。

そこに目をつけた社長がいた。UVカットフィルムをつくっている会社の社長だ。視察中に、強い日差しがビルの会議室の奥までこうこうと照らしていたのが、気になって仕方がなかったと言う。

「これでは仕事をする社員も集中して仕事ができないだろう。だからといって、窓自体を取り換えるわけにもいかない。自社のUVカットフィルムを貼れば、安くて紫外線を六〇%以上カットできる。しかも、エアコンの効率も上がるといいことづくめだ」

社長はその場で交渉を始めた。そしてすぐに、サンプルを持って再入国する日程まで決めてしまった。予想通り、フィルムは効果を発揮した。そのビルから始まり、今では確実に都市全体に広がりを見せている。

このように、いつどこで自社の商売につながるかはわからないものだ。「国内でも市場はいくらでもある」とはいえども、自分の視野を広める意味でも年一回、または二年に一回くらいは外から自社を見つめる時間をとってみていただきたい。

第4章

後継者が知るべき経営者の手腕

頭を下げられる後継者になる

事業承継というのは、一番会社が揺れるときだ。すんなりといくのが一番だが、残念ながら失敗してしまう会社もある。事業承継は、会社にとって一番の関門と言っていい。

私は年間に数十社という会社の事業発展計画発表会に参加する。なかには事業承継後に業績がどんどん下がってしまう会社もある。下積み時代というか、営業時代の営業の能力が低かったり、社長になったとたん、人が変わったように恐怖政治のような経営を始め、社員の求心力が低下して、ベテラン社員が辞めてしまったりと、理由はさまざまだ。

数年前に四代目に事業承継をした会社の話だ。新社長の父親である会長より相談を受けた。そこは日立や東芝などの大手企業と取り引きしているのだが、その大手の口座がどんどん細くなっていっているというのだ。

会長はずっと営業畑で活躍してきた人だ。その営業力のすごさは人伝いで聞いていたほどだ。いったん口座ができれば、その隣の部署へ、そのまた隣の部署へとどんどん横展開をしていく。口座を開くためには泥臭い営業もやったそうだ。お金を使い、寝ないで接待をしたことがずっと続いたという。

そういう営業スタイルは、今では古いのかもしれない。私も決していいとは思わない。しかしながら、そうやって会長が仕事をとり、会社を伸ばしてきたのは事実だ。

会長は、新社長は泥臭い営業を嫌うのだという。他部門に行ったり、もっと上の人たちに社長が直接頭を下げなければいけないのに、それができず、担当者の横について行って、ほかの部署にも行かずに直接の窓口であるお客様に挨拶だけして帰ってくる状態だと嘆く。そんなことをずっと続けているらしく、これでは売り上げが落ちるのはあたりまえだ。

営業系の会社は、やはり社長自身の営業が強くないといけない。いくら頭がよくても、仕事がとれないようでは社長は務まらない。社長自身がトップ営業を見せないとダメなときもあるのだ。

そして頭を下げられる人でなければならない。どんな商売でもお客様がいない商売などないにもかかわらず、頭を下げるのを嫌う後継者がたまにいる。媚びへつらってまで仕事をとれとは言わないが、「どうすれば、もっとお客様のお役に立てるのか」と普段から考え、「お客様第一主義」を徹底していたら、自然と頭が下げられるはずである。そのことを会長にも伝えた。

後継者は会社を継ぐときにはすでにお客様がいる状態だ。創業者が最初に仕事をもらったときの感謝、感激、感動を後継者は知らない。だから頭を下げられないのだろう。

社長になったとたん、恐怖政治のような経営を始める社長も同じである。まるで会社の頂点に立ったつもりになってしまう。そういう人にかぎって他責の考えを持っている。

社員がどんどん辞めていっても「自分は何も悪くない。辞める奴が悪い。アイツはいったい何を考えているのだ」と平気で言う。どんな会社でも例外なくスタートは小さい。ところが後継者は、創業者が最初に社員を雇ったときの感動と責任の重さを知らないのだ。

そういった創業の原点ほど、後継者に、そしてそのまた次の世代に伝えていかなければならない。本章で詳しく説明する事業発展計画書では、必ず「創業の原点」を書いていただくことにしている。後継者はすべてができあがった状態を引き継ぐわけで、新入社員はその思いや苦労を知るよしもない。意識して伝えていかねば、あっという間に風化していってしまうだろう。

自社の「創業の原点」を知らないという後継者は、ぜひとも調べてみてほしい。そこに「何のために我々はこの会社をやっているのか」というすべてが詰まっているはずだ。

五年後、一〇年後の青写真を描き、社長とのすり合わせをする

後継者のうちに身につけておかなければならない実務は、大きく三つある。

一、戦略・戦術を立てられるようになること。

二、会社の数字がある程度読めるようになること。

三、自分の将来の片腕を育てていくこと。

これら三つについて、本章と第5章でそれぞれ詳しく説明していく。現段階でどのくらいできているのか、意識して読んでいってもらいたい。まだまだだという方は、本書を読むことで少しでも理解を深め、できるところから行動に移すようにしてほしい。

まずは、戦略・戦術を立てるうえで重要な、「事業発展計画書」について解説したい。

日本経営合理化協会では、業種業態、会社の規模の大小にかかわらず、どんな会社であっても「事業発展計画書」をつくることを提唱している。最近では、お客様のなかでも

つくっている会社がほとんどだ。

その「事業発展計画書」の内容を、創業者と後継者の間で事業承継の前にすり合わせることが非常に重要である。なぜなら、よく理事長が言うのだが、すり合わせをせずにその場、その場で計画をしていると、昔の温泉旅館のように建て増し、建て増しといった状態になってしまう。すると不思議なことに会社自体がそういうふうになってしまうのだ。そうなると、どこかに歪みが生まれてきて、直すのが困難になってしまう。

だから早い段階で青写真をつくり、五年後にはこうしよう、一〇年後にはこうしよう、ということを創業者と後継者が話し合うことが重要なのだ。「会社の設計図」と言っていい。

創業者と、「俺の代ではここまでだが、お前の代でここまでを目標にいってくれ」といった話になる。先に触れた「旗」と同じだ。それを事業発展計画書にきちんと書き、「事業発展計画発表会」で全社員に発表することで、創業者と後継者の間だけでなく社員にも約束をするのだ。

計画というものは、社長の頭のなかだけにあっても決して実現することはない。字に起こして目で見せて、言って聞かせてさせてみて、チェックして修正していくことでようやく目標に近づいていくものである。そこまでですることで、社員も自分の役割をしっかりと理解してくれるようになる。

逆に言えば、そこまでしないとなかなか社員の理解は深まっていかない。日本経営合理化協会では、さらに毎週の会議の前に計画書の「読み合わせ」や、賞与の支給前に事業発展計画書の内容を一字一句「清書」してもらい、提出することになっている。

清書の理由はさまざまであるが、改めて清書することで「ここはできたが、ここは今期できなかった」など、自分で反省する機会になる。それを五年、一〇年と続けることで事業発展計画書が社内の「憲法」のようになってくる。日本経営合理化協会の社員は、事業発展計画書が行動の判断基準とまでなっているのだ。

そこまでくると、上の者が手取り足取り指示を出さなくても、社員は自分で判断して行動するようになる。私の親しい滋賀ダイハツ販売の後藤昌幸先生は、「従業員」という言葉を使わず「主業員」という言葉を使うが、まさにそんな社員に自然となっていくのだ。

本書をお読みになっている方で、まだ事業発展計画書が社内にないという方がいたら、ぜひとも一日でも早くつくっていただきたい。

はじめてつくった会社の社長たちから、「社員からも、自分がやるべきことがはっきりしたと言われた」「銀行を招いて発表会を開いたら、次の日に『お金を借りてほしい』と言ってきた」「これで安心して息子に会社をバトンタッチできる」など、うれしい言葉をたくさんいただいているほど効果があるのだ。

ゴールがどこなのかわからずに、人間は走ることができないものだ。騙されたと思ってつくってほしい。これからの項目では、その内容について触れていきたい。

会社の将来を決める事業発展計画書

事業発展計画書の善し悪しで、会社の未来は決まると言っていい。第3章で登場した「すしざんまい」を展開する喜代村の木村社長が、事業発展計画書を作成したのは十数年前のことだった。

もともと経営者として嗅覚の優れていた木村社長は、「すしざんまい」を始める前からさまざまな事業を展開していた。そのなかで「すしざんまい」の前身となる水産会社を経営していたのだが、あるとき問題が起こった。会社自体は順調だったのだが、メインバンクが突然倒産したのだ。その水産会社もあおりを食うことになり、いきなり倒産の危機に見舞われた。木村社長は慌てて理事長に相談に来た。

そのときに、「早急に事業発展計画書を作成して、ほかの銀行に融資をお願いしよう」ということになった。しかし、そんなに簡単に計画書がつくれたら苦労はしない。社長がすべて一人で書くのが通常ではあるが、なにしろ日にちがない。日本経営合理化協会の社員も手伝い、何日も徹夜で計画書を作成した。

しかし、哲学の部分は経営者以外のほかの者では当然書くことができない。もちろん木村社長が書いたが、その原稿は今でも語り継がれているとてもすばらしいものだった。「お客様に安く美味しいお寿司を食べていただきたい」「社員とともに幸福になりたい」という木村社長の心の叫びが、そのまま字になったような文章であった。

さらにその最初の計画書には、巻末に住宅地図が付け加えられていた。その住宅地図には、将来の出店計画の出店希望予定地まで事細かく書き込まれていた。事業発展計画書作成の指導を何度もしている理事長でも、その計画書には驚いたという。

完成した事業発展計画書によって融資を受けられることになり、会社は危機を免れ、そしてオープンしたのが「すしざんまい」だった。どこよりも良心的な価格で寿司を提供することで、いつでも行列ができる店となった。開店の年に、一店舗で年商が一〇億円を超えるまでになったのだ。

現在、「すしざんまい」は全国に五四店舗ある。特に最初にオープンした築地、銀座近辺には店舗が集中しているが、驚くことに木村社長が最初につくった出店計画の出店希望予定地とほぼ同じなのだ。木村社長の強い執念を感じる。

第2章でも紹介した、京都のボークスも同じだ。プラモデルなどホビー関係の商品を扱う、その分野ではトップの会社だ。重田英行社長と奥様である重田せつ専務がセミナーに参加したのは、今から二五年くらい前だろうか。

当時、社内で問題があったボークスは行き詰まり、セミナーに参加したのはほんの気分転換のつもりだったそうだ。しかし、そのセミナーでのことは、「雷に打たれたような経験だった」と重田社長は言う。そこから二十数年、重田社長は理事長のセミナーに一度も欠席することなく参加している。

運命だったのか、このときセミナーで前の席に座っていたのが、これも第2章で紹介した大阪のサンコーインダストリーの奥山泰弘社長（現在は会長）だった。理事長の紹介もあり、重田社長は奥山社長に頼み込んで、サンコーインダストリーの事業発展計画発表会に参加させてもらった。そのとき、「ウチの会社に足りないのはこれだ！」と瞬間的に感じたそうだ。

重田社長は帰社するとすぐに計画書の作成に取り掛かりつつ、理事長のセミナーに積極的に参加し続けた。重田社長のすごいところは、言われたことをすべて実行に移すことだ。「売り方を変えなさい」と言われれば、すぐに違うやり方を考える。店舗による「店頭販売」と、通販による「媒体販売」だけだった売り方は、イベントなどで限定商品を「展示販売」することで、注目を集めるようになっていった。

こうして、あっという間に大きく成長していったボークスは、計画書にある出店計画も順調にいき、当初年商四億円だった会社が今では年商八〇億円にまで成長している。

現在、奥山会長と重田社長は、そのときの縁がきっかけとなり、師弟関係になっているという。サンコーインダストリーの事業発展計画発表会では、壇上にボークスの重田社長が送った花が必ず飾られ、ボークスの事業発展計画発表会では、壇上にサンコーインダストリーの奥山会長が送った花が飾られる。業種業態はまったく異なるが、お互いに切磋琢磨して伸びている。とてもいい関係が続いているのだ。


こういう事例がまだまだある。社長が強く思い、念じていることをかたちにすることで、夢は現実になるのだ。逆に言えば、かたちにしなければ誰にも伝えられず、実現することは不可能だろう。事業発展計画書を作成された会社の社長が、「まさに魔法の書だ」と口々に言っていることを信じていただけたのではないだろうか。

「哲学・戦略・戦術・目標」の四つから、会社の今後を考える　その①

事業発展計画書は、大きく分けると四つのパートから成り立っている。

一つ目が、「何のためにやっているか」ということである。「創業の精神」であったり、理念、思想、哲学、人生観、世界観が最初のパートだ。

前にも述べたが、創業者のなかで、スタート時から哲学を持っている人は少ない。資本を投じて商品・サービスを開発し、お客様に強く必要とされると信じて起業するが、失敗も多い。人も、モノも、カネもないなかでスタートし、しかも多くの場合、叩かれる。それが勉強となり、少しずつ「良いものとは何か」を教えられ、「お客様のために」と考えることでようやく身についてくるものだからだ。

一番重要なパートではあるが、後継者のみなさんが事業発展計画書を一からつくろうとすると最も難しいパートでもあるだろう。しかし、その苦労は後継者として知っておくべきことだと感じる。

かくいう私ども、「日本経営合理化協会の創業の理由」はというと、創業は昭和四〇年、東京オリンピックの翌年だ。もう戦後という時代ではなかった。しかし、それでも焼け野原のなかから夫婦二人で創業し、自宅を担保に入れてお金を借り、寝ずに働き、そこまで頑張っても倒産していく会社がたくさんあった頃だ。

そんな会社を多く見てきた父が、船田中先生、中村天風先生はじめ、当時コンサルタントという言葉がまだなかった時代だったが、田中要人先生というコンサルタントの草分け的存在の方から、「頑張って働いている中小企業の経営者を、もっと助けることはできないか」「経営者が勉強をする学校をつくってみてはどうか」と言われ、大学の仲間と三人で創業したのがきっかけだ。

当時から「経営学」という学問はあったが、とても実践的とは言えないものだった。さらに中小企業の社長で、学校でそんなものを勉強している人などいなかった。そういう頑張っている中小企業の社長が、実務を体系立てて勉強するために、セミナーを開催していったのだ。

しかし、苦労も当然あった。お金もない、お客様もゼロから探さなければならない、何よりも二〇代なかばの青年三人だ。とにかく信用がなかったという。貫禄を出すためにわざと老けた格好をして講師と打ち合わせをしたと、父から聞いたことがある。

▲実際の事業発展計画書

事業発展計画書の４大体系

何のために	儲かる方向性	戦い方	数字
経営理念	戦略	戦術	経営目標
人生観	経営環境	販売力	短期
世界観	経営体質	企画力	長期
哲学		技術力	
規範		組織力	
		財務力	

そこから徐々にお客様も増えていき、社員の人数も増えてきて、「経営書の出版」や「講演のテープ」の販売をし、セミナーだけでなく、いろいろな角度から社長の経営のお手伝いをしようと、事業を広げていったのだ。

「何のためにやっているのか」、成功も、失敗も、すべてここにかかっていると言っていいほど重要な部分だ。

二つ目は「儲かる方向性」である。儲かる方向性とは、「戦略」「経営環境」「経営体質」のことだ。

会社というのは、ときに外的要因が業績に大きく関わってくる。景気の悪化、災害、ライバル会社、素材の変化、制度改革、政治、為替など、さまざまな外的要因がある。近年は特に加速度的に環境・状況が変化しているが、それに合わせてどう対応するかを書くのがこの部分だ。

たとえば、地方でスーパーをやっていたとする。今まで地域密着でやってきたが、ある日突然、近所に大型のスーパーが進出してきたらどうなるだろう。安いし品揃えもいい、駐車場も大きい、明るくてきれい、太刀打ちできずに、あっという間にお客様を奪われ経営危機になる。こんなことはよくある。そうしたことを想定して、先手を打っていなければならないのだ。

それ以外にも、役所に行って再開発の予定を調べたり、できるかぎり早く道路の新しい開発をつかむようにしたりすることも重要である。施設産業というのは、交通網の変化が客足に大きく影響するからだ。

私の家内は滋賀県出身だ。よく滋賀と神奈川を車で行き来することがあるが、新名神高速を通るといつも思うことがある。数年前にできた高速道路だが、地上からかなり高い位置を車がビュンビュンと走っている。

そのはるか下にはいくつも街がある。国道もあり、ロードサイドには店もたくさんあるだろう。その店はどうなってしまったのだろうか。高速ができたとたん、自分たちの頭上をお客様がものすごいスピードで通り過ぎることになってしまったのだ。

こういった交通網の変化は、商売を一変させてしまう。ときに店舗の移動、そしてライバルより新しくて設備のいい店舗をつくるために、資金を貯め、体力をつけておく必要もある。そういう指針をこの部分に書くわけである。

滋賀ダイハツ販売の後藤昌幸先生も、講演のなかで冒頭に必ず話をされているが、京都の老舗の家訓に「創業者が苦労をして、息子が楽をして、孫が乞食をする」というのがある。そうならないためにも、いざというときのための採るべき戦略を創業者と後継者で共有し、その手腕を次の世代の後継者、幹部に伝えていく部分なのである。

「哲学・戦略・戦術・目標」の四つから、会社の今後を考える　その②

三つ目は「戦い方」、戦術のことである。「販売力」「企画力」「技術力」「組織力」「財務力」のすべての面での戦い方を書くパートだ。戦略に比べると短期的なもので、「この一年をどう戦うか」を決めるのだ。

そのなかでもウエイトが高いのは、やはり「販売力」だ。

「売り方」というのは突き詰めると五つしかない。「店頭販売」「訪問販売」「媒体販売」「配置販売」「展示販売」の五つだ。後継者であるなら、この五つの売り方に精通して、できるかぎり同業他社と異なった販売方法を採っていくことが重要だ。そして一つの売り方ではなく、できるかぎり多くの売り方を複合させていくのが、これから売り上げを伸ばす秘訣でもある。

「企画力」でいえば、こんなことがあった。日本経営合理化協会では、全国経営者セミナーというものを年二回、皇居前のパレスホテルで開催している。三日間にわたって三十数人の経営者、経済評論家、コンサルタントの方々にお話しいただき、六〇〇人を超える経営者が参加する大規模なセミナーだ。

このセミナーに、トヨタから「会場にレクサスを展示させてほしい」というオファーがあった。聞いたところ、レクサスが売れているのは東京近郊の県で、都内ではあまり売れないのだそうだ。そこで、なんとかテコ入れをしようと、いろいろな試みをしているとのことだった。

実験のような感じだったそうだが、結果、三日間で一六〇〇万円のレクサスが三台売れたという。こうした事例が、まさに「企画力」があると言えるものだ。

「技術力」では、私の親しいお客様に、コンビニエンスストアのお弁当やお惣菜をつくっている会社がある。そのコンビニのベンダーさんのなかでは一〇位以内に入る会社だが、おもしろい話を聞いた。

その会社にとって、ほかのベンダーさんというのはライバルになるわけだが、そのコンビニでは工場長研修というのがあり、お互いの工場を順番に見学して、「ここはこうしたほうがいいよ」とライバル同士で教え合うというのだ。そうやって品質が均等で、高いクオリティーを維持するのである。コンビニも熾烈な争いをしている。各社とも、つねに技術力の向上を行っているのだ。

「組織力」は、業種業態によってベストな組織というのは異なるので一概には言えない。ただ、滋賀ダイハツ販売の後藤昌幸先生のところでされている「分社経営」というものが、ベストな組織を考える際の一つのヒントになる。この会社は、今は後藤先生の息子である後藤敬一社長が立派に経営されている。今年は日本経営品質賞も受賞した。その原動力ともなっているのが分社経営だ。

これは、一〇人以下の小集団を形成することで、「誰が頑張っているのか一目で見てわかる組織」をいくつもつくっていくものだ。成績が明確ということは、評価も明確なので不平不満が起こりにくいというメリットもある。そしてなによりも、滋賀ダイハツ販売では、分社長が立候補制なので若い人のモチベーションが上がるという。この会社に行くと「若い人が元気な会社は儲かっている」というのは本当だとつくづく感じるほどだ。

「財務力」については、言うまでもないだろう。いかに現金を増やしていくか、そして同時に借金を減らしていくことだ。今もってP／Lを重視する社長や後継者が多いが、「B／Sをきれいにしていく」努力をしてほしい。

これについては後継社長塾の井上和弘先生に鍛えられた。井上先生の教え方は独特だ。後継社長塾では、「B／S面積グラフ」を必ずつくっている。数字ではなくB／Sを面積で見ることによって、そのボリュームで、どの項目が多いのか一目瞭然でわかるのだ。

私もはじめて作成したときは目からうろこが落ちた。後継社長塾の塾生たちもそのわかりやすさにとても驚いていた。「どうも数字は苦手だ」という後継者はぜひ、やってみてほしいものだ。

つくった「B／S面積グラフ」を五期分並べてみると、会社の変化が実にとらえやすい。現金が増えているのか減っているのか、借金が増えているのか減っているのか、固定資産を持ちすぎではないか、自己資本比率は高いのか低いのか、また総資産に対して売り上げがどれだけあるのか、こうしたことが計算をせずとも、目で見て理解できるのだ。

「○○比率」などの指標や公式を、公認会計士がいうように一○も二○も覚える必要はない。三つくらいで十分だ。ただ、財務のスペシャリストになる必要もないが、すべてを経理に任せたままにしてはいけない。後継者として、簡単な簿記の本くらいは最低限読んでほしいと思う。

銀行交渉というのも、後継者であればぜひ勉強してもらいたいことだ。銀行から、「後継者である○○様にご挨拶を」と言って電話がくることがときどきある。これは、後継者の能力をチェックしにきていると思ってほしい。だからといって、変に焦る必要もなく、堂々としていればいいだろう。

「いくらか銀行から借りていないと、いざというときに貸してくれない」という社長もいるが、今はそんなこともない。B／Sがきちんとしていれば、銀行のほうから「借りてください」と言ってくる時代だ。都銀から借りても、信金から借りても、政府系から借りても、金利は違うが一万円札にクオリティーの差はない。金利を下げることもつねに心がけてほしい。

四つ目が「数字」、経営目標を数字で表すことだ。

よく「目的」と「目標」という言葉を使う。「日的」とは、「何のために事業をやっているか」という理念や思想、哲学から発する概念である。それに対して「目標」とは、その概念を具体的な数字に置き換えたものと考えてもらいたい。「売上目標」や「利益目標」がその代表である。

「五年以内の短期的な目標」と、「それ以降の長期的な目標」をそれぞれ表にして、事業発展計画書の巻末に綴じ込むことにしている。その際、毎年一〇％アップというような単純な数値目標をつくることはやめてほしい。三年間連続で達成できないと、社員のモチベーションが下がるからだ。

これではせっかくの事業発展計画書も逆効果になってしまう。景気なども踏まえたうえで、各部門長の「納得目標」でつくっていただきたいと思う。

誰が読んでも理解できる「理念」と「行動方針」を決める

事業発展計画書の大まかな構成を説明してきた。できるかぎりわかりやすい事例で説明したつもりなので、だいたいは理解していただけたのではないだろうか。実はこの「できるかぎりわかりやすく」ということが何よりも大切なのだ。

私も年間数十回の事業発展計画発表会にお招きいただくことは前に述べた。そのなかでたまにあるのだが、難しい言葉を使い、わざわざわかりにくく書いているとしか思えない事業発展計画書があるのだ。

これは、高学歴であったり、海外経験のある社長や後継者にありがちだ。カタカナが一行に一つは必ずあったり、難しい機械の名前が羅列してあったり、哲学書のように考えながら何度も読み返さないと理解できないような言い回しのものがある。

これはとてももったいないことだ。どんなにすばらしい言葉も、相手に伝わらなければ、言っていないのと同じだからだ。極端に言えば、中学生でも理解できるように書いてほしいと思う。

「理解している」ということと、「できる」ということは違うし、「できる」と「やっている」というのも、これまた違う。「やっている＝実行」が重要なのである。さらに言ってしまえば、実行をしたうえで結果がともなわなければ、それは意味のないことだ。その最初の最初、「理解している」というところでつまずくようではいけない。

カタカナ経営用語も毎年のように出てくるが、流行があるのか、すぐに使われなくなったりする。そんな用語を覚えさせられる、社員や会社で働くパートやアルバイトのスタッフたちは、たまったものではない。意味がわからなくても、わかったふりをしてそのままにしてしまう人がほとんどだろう。

せっかく社長が魂を込めて書いたものが、そうなってしまうのは実にもったいない。誰が読んでもスッと理解できる内容になるように、とにかく読みやすさを意識してもらいたいと思う。

それから、「理念」「社是」「社訓」「行動指針」といったいろいろな言葉があるが、その違いがわかる人がどれだけいるだろうか。また、わかっていて使っているのだろうか。なかには、この四つをすべて事業発展計画書に書いている会社もある。それらの違いを書いている本人がしっかりと理解できていなければ、社員に伝わるはずもないだろう。

わかりやすく説明すると、「理念」とは自分のなかの中心とする考えである。それを、会社を通して何をするのか、社外に向けて書いたものを「社是」と言い、社内に向けて書いたものを「社訓」と言う。「社訓」と「行動指針」は、ほぼ同じものだと思ってもらいたい。

私は、社員になるべくわかりやすくするためには、「理念」と「行動指針」の二階建てでいいのではないかと考えている。その二つに「社是」と「社訓」が加わる四階建てにもなると、理解も難しいだろう。

そこに「ビジョン」などをつくってしまうと、何をしっかりと覚えて行動すればいいのか混乱してしまう。それらを暗記させ、朝礼や会議などで唱和などさせていたら、社員もうんざりしてしまうはずだ。

では、「理念」と「行動指針」がどんなものなのか、一つ例を挙げてみよう。飲食関係の会社の場合であれば、「食を通じてお客様の生活を豊かにする」ということが理念になりうるだろう。これからの時代は、さらに「安心・安全な」という言葉が入っていたほうがいいかもしれない。

それに対して、「お客様へ心のこもったおもてなしと快適さを提供する」「お客様の願望やニーズを先読みして提供する」「仕事を通して自己実現できるように、自分の持てる才能を発揮し、最大限に伸ばす」などが行動指針になるわけだ。

何度も言うが、全社員が理解できてこその事業発展計画書である。難しい言葉や言い回しは使わず、できるかぎり優しく書く努力をしてほしい。自然に暗記してしまうくらいが理想的である。

「成長拡大戦略」と「安定戦略」を意図して同時に行う

「事業を繁栄させる究極の方向性」とは、一つは成長拡大させること、もう一つは安定させることである。この二つを同時に、意図して実行することでしか事業の繁栄はありえない。どちらか一つでも欠けては会社の繁栄は成り立たないのだ。この「成長拡大戦略」と「安定戦略」についてこれから説明していこう。

まず、成長拡大させることとは、どういうことなのか。成長拡大で一番重要なのは、なんといっても増客である。

ある会社の昨年のお客様の数が一〇〇社だったとする。そして、今年も変わらず一〇〇社だとしたら、これは成長拡大ではなく「衰退」を意味する。なぜなら、今年も昨年と同じ売価で、同じ粗利益で、同じ数量しか売れなければ、それだけで会社は社員の給料も上げることができないからだ。

成長拡大は、どんな事業であっても、お客様の数を一〇〇社から二〇〇社へ、二〇〇社から三〇〇社へ増やさなければならない。または、高い売価で、多い粗利益で、多い数量を買っていただく努力をしなければならない。そして、それに併せて人を集め、資本を充実させ、設備を革新し続けることが必要なのである。

お客様を増やすために、店舗の新設を考えたり、新規顧客の獲得月間を設けたり、それに全社員が取り組むシステムをつくったり、広く宣伝したり、紹介キャンペーンを企画したり、イベントを開いたり、販売方法の研究やサービスの向上などをつねに目指す。そして、どんなときもライバルを意識して、そのライバルに対してあらゆる方向で優位になるように差別化を目指さなければならないのだ。

しかし、ここで気をつけなければならないのが、ライバルを意識するあまり、安売りをすることだ。利益をともなわない売り上げを上げれば経営が荒れてしまう。そこは注意してほしい。

もう一つの安定とはどういうものか。それは、自社の商品、サービスを、同じお客様にくり返し、くり返し買ってもらうための仕組みづくりだ。この方法以外の「安定」はありえないだろう。

たとえ一時的に売価が高いものが売れたり、数が売れたりしても、一度買っていただい

た お客様が二度と買うことがなかったり、長い間買っていただくことがなければ、事業の安定というのは決してはかれない。

どんな事業でも「お客様がいない事業」というのは存在できないはずなのに、頭を下げることを嫌ったり、サービスを磨くことを忘れてライバルに劣ってしまったり、くり返し買っていただくシステムの運営に努力や工夫が不足していれば、業績はどんどん落ちてくる。

自社の「安定」を築く戦略について、社内で仕組みはできているのか、ルールがあるのか、それは徹底されているのか、後継者として今一度見直してほしいと思う。

もう生活のなかであたりまえになってしまっていて気づいていないだろうが、身近に安定戦略を巧みに取り入れている会社もある。ヤクルト、牛乳、新聞が、なぜ店頭販売より宅配に力を入れているのか、鉄道やバスの定期券なども同じだ。安定的に売り上げが立つようになっているのだ。そういう「くり返しの仕組み」の研究が重要だ。

そのうえで、商品・サービスを磨き続けなければならない。お客様がなぜ自社の商品を買ってくださるのか。逆に、なぜ他社の商品を買われているのか。その要因の一つひとつが、お客様の購買の動機であり、磨くべき売り物だ。

「値段が安かった」「品質がいい」「納期が早い」「デザインがいい」「サービスがいい」「連絡をマメにくれる」「親切だから」「店舗がきれい」……。これらはすべて売り物なのだから、どうすればよりよいものになるのか、とことん突き詰めて考えていくべきだ。

たとえば、メールのやり取りがあたりまえの時代だからこそ、ハガキなどで連絡をするのも逆に新鮮でいいのではないだろうか。たびたび紹介している滋賀ダイハツ販売では、全社員が複写ハガキというものを使っている。「複写式」なので、誰にいつ、どんなハガキを出したのか手元に残るのだ。これはとても評判がいいそうだ。

私の経験上、車も家も、人生のなかで買うトップ一、二の買い物なのに、買った後のフォローがまったくないというのが現実だ。マメに営業マンから手書きのハガキが届くというのはすごいことだろう。

そして最後に重要なのが、「お客様第一主義」である。一言で言えば「お客様に好かれることをする」ということだ。「好かれる」＝「情」である。

「情」というのは、商売だけでなく、政治でも、経済でも、学問でも、すべては「人間が生きるうえで、幸福であるために」という「情」のために存在するものだ。「情」というのはすべての上に存在するものなのだ。だからこそ、好かれるためにできるかぎりのことをしてもらいたいと思う。

嫌われて流行るお店はないし、好かれて流行らないお店もない。お客様に好かれるためにどうしたらいいのか、接客も、電話応対も、その行動の一つひとつを磨いて実践してほしい。

社長と後継者の争いの九割は、コミュニケーション不足で起きる

私が相談を受けている会社や、親しい社長、後継者の話を聞いていると、ほぼすべての会社で、社長と後継者のコミュニケーションがないという。「ウチは親子で仲が良いですよ」と言っている人を見たことがないので、間違いないのだろう。逆に「太陽さんは理事長とよく一緒に飲みに行っているし、仲が良いですよね。うらやましい」などと言われてしまうくらいだ。

何度も書いているが、何か親子の問題があったときに話を聞いていると、原因は、ほぼ一〇〇%コミュニケーション不足と言っていい。

では、コミュニケーション不足になる原因とは何だろうか。お互いが忙しいというのもあるだろうが、それは言い訳にはならない。少しくらい、時間をつくろうと思えばつくれないことはないはずだ。会社で顔を合わせているから家では会いたくない、会社の方針などで若干考え方が違い喧嘩になるので、どこかでお互いに遠慮してしまう、などが主な原

因だろう。

全国経営者セミナーを三日間開催しているが、親子で申し込んできても、「社長と席を離してくれ」と言う後継者が意外といる。「社長と部屋を別々にしてくれ」と言ってくるのはわからないでもない。しかし、席を別々にしてしまったら、講義を聴いていて、いざピンときたときに「これはウチに活用できますね」といった意思疎通ができないだろう。「ウチの息子は来ていますか。どこらへんに座っていますか」と訊かれて、「あのあたりです」と場所を示すと「ああ、いたいた」ということも多々ある。そんなことまで人を通して訊くのかと、なかばあきれてしまうことがあるほどだ。

隣同士に座って、「ウチはこれができていないですよね」と確認すべきところが、そういう会話がない。だが、社長と後継者の間では、そういう会話こそ必要なのだ。

会社の方向性についてすり合わせができていないから、問題が起きるのである。講義を聴いているときに近くにいれば、相手がうなずくところも見えるわけで、各論についてお互いの意見がわかってくるはずだ。そうやって一つひとつを社長と確認し合うことが大切なのである。

ほぼすべての争いは、そんな普段からある親子間のすれ違いが遠因となっている。それがよくないことだと頭ではわかっていても、やはり簡単にはコミュニケーションを密にとることはできない。親子の恥ずかしさや遠慮というのがあるのだろう。難しいことかもしれないが、自分で決めて、そういう場をつくって距離を縮めていくしかない。

親子の争いでよくあるパターンが、不動産についての考え方の違いから生じるものだ。戦中を経験した創業者のなかには、「空襲で家が焼け、住むところに苦労した」という方が多い。そういう経験をするとやはり不動産に執着が湧くのだろう。なかなか手放したがらない方が多いのだ。

最初は了承していた社長が、売る寸前になって意見を変えたり、後継者が社長への確認そこそこで売ってしまい、それについて長く長く尾を引くというケースがある。

後継者としてはきちんと相談しているつもりでも、説明不足であったり「俺は聞いていない」と社長に言われたりすると、最終的には「言った」「言わない」の水掛け論になってしまう。これではいつまでもわだかまりが残ってしまうので、後継者は「聞いていない」と言われないよう、社長が納得できるような丁寧な対応を心がけるべきだ。

親子での争いで、早急になんとかしなくてはいけないような場合は、第三者を間に入れて話すことをすすめる。その際、公認会計士を間に入れる人がいるが、うまくいかない場合が多い。公認会計士では経営を知らない人が多いからだ。数十年も経営をしてきた社長が相手だと、はなから聞く耳を持たなかったり、それどころか逆に怒らせてしまうことがあるのだ。第2章で「経営の師匠をつくれ」と書いたが、そういう人に入ってもらうことが望ましいだろう。

私は、理事長のセミナーのときは当然一緒に移動するし、最近は週二〜三日ぐらいは、一緒に理事長の車で通勤をするようにしている。会話の内容はさまざまだ。確認事項の書類を用意していくこともあり、月次の報告であったり、相談事であったりする。人に言うとよく驚かれるのだが、一緒に飲みに行くこともしばしばある。こちらから誘うこともあるし、理事長から誘われることもある。

そういうふうに、社長と後継者でときに飲みに行くことも大切だ。理事長には行きつけの「たんぽぽ」という店がある。昔からそこに必ず行っているので、こちらから「たんぽぽ、行きますか？」と訊くと、「行くか」とうれしそうな顔をしてくれる。

親子の会話のなかに無駄なことなどない。「商売のアイディアのヒントがどうの」という小さい話だけに留まらない。戦中生まれの理事長からは、人生についても学ぶことが本当に多い。ときには重たい話にもなる。そういう会話を避けたい気持ちももちろんわからなくはないが、それも含めて後継者の宿命だと思ってもらいたい。

社員とのコミュニケーションを円滑にするための工夫

今まで親子のコミュニケーション不足について述べてきたが、社員の場合も同じだ。社内のトラブルの九〇%も、やはりコミュニケーション不足から起こっているからだ。

後継者のみなさんは、日々、どのくらい社員とコミュニケーションをとっているだろうか。会社によってはいろいろ工夫しているところもある。営業に同行して車内で会話をしたり、週一回は社員と飲みに行く日を決めていたり、社員旅行を大切にしている会社もある。さまざまな方法があるが、「社内の風通しがいい会社は業績がいい」という共通点は同じだ。

月ごとにその月に誕生日の社員を集めてランチをしたり、中小企業でも社員食堂をつくったりと、「食事をしながら」「飲みながら」という方法が多い傾向がある。面と向かって一対一で話をするのではお互いに堅苦しいし、変な緊張感が漂うことになってしまうだろう。リラックスできる食事のタイミングで話すほうが、場もなごむし、フランクな会話もしやすいはずだ。

最近の若い社員のなかには、「食事のときくらい自由に」とか「社長や、上司と飲みに行くのも仕事なのですか？」などと言う社員も出てきていると聞く。私はそうしたことに対して、特に疑問を持ったりしたことはなかったし、上司になるような世代もそういう人が多いのではないだろうか。

こういった世代間の考え方の違いは、これからも問題になっていくだろう。後継者として、そうした若い社員とコミュニケーションをはかっていくために、工夫を重ねていくことが重要になってくるかもしれない。

本書を読んでくださっているみなさんの給料がどのくらいなのかはわからないが、ときには社員たちと語らう場を設けるだけの予算というのを、後継者であれば考えておいてほしいと思う。「飲みにケーション」とはよく言ったもので、お酒の席でざっくばらんに語り合うことも、社内の関係を円滑にするためには大切なことだ。

その際の料金を、後継者の自腹にするのか、経費とするのかはそれぞれの考え方次第だ。私は自分の給料から出すようにして、自腹で払っている。

そういう会合が月の間に何度もあるようだと、お小遣いでは間に合わなくなることがあるので、ずいぶん前から我が家では私が財布の管理をしている。

後継社長塾でも、よく井上和弘先生が「後継者が財布を持つべきだ」と明快に話されている。後継社長塾のなかで手を挙げさせると「お小遣い制」の人と、「自己管理制」の人の割合はだいたい半々だ。井上先生は、「家庭の家計簿も、会社の経理もゼロが違うだけでやることは同じだ」と言う。本当にそうなのだ。

話が若干逸れるが、お小遣い制にしてしまうと、結局のところ奥さんが逆に苦労することになる。これは後継者だけではなく、サラリーマンも同じである。

たとえば、何かあって会社から大入り袋が出たとする。普段、締め付けられていると、家に帰ってからそれを渡しにくくなる。「家に入れずにこっそりもらってしまいたくなる」のが人間だろう。そうなると、結果的に奥さんが損をするというわけだ。

逆に自己管理制だと、専業主婦の奥さんはボーナスをもらうことなどないので、もらった大入り袋をそのまま封を開けずに持って帰って、「会社からこういうのが出たから。いつもありがとう」と言って渡すと、ものすごく感謝される。これが夫婦円満の秘訣だ。

小さい会社などでは奥さんが経理を担当していることもあるだろうが、そういう場合でも給料は自分で管理してはどうだろうか。会社もある程度まで大きくなり、家業から企業へとなったときに、奥さんには会社から出てもらうというのが私の基本的な考え方だ。自分で現金を管理する能力は、いずれにしても後継者にとって必要な能力なのである。

社長に「花道」をつくるのは後継者の仕事

社長の「花道」をつくるのは、後継者にしかできない仕事である。「花道」というのは、会長職になるまでと、なってからの道のりで、何十年も頑張ってくれた先代をお膳立てするという意味である。

きちんと「花道」をつくらないと、後継者である自分が苦労することになる。後継者はこういうことを普段からしっかりと考えなければならない。社長と喧嘩をして会社を追い出されるようなことをしているようではいけないのだ。

三〇周年、五〇周年など、会社の節目の年に社長交代を合わせることは、よくあることだ。そういう華やかな式典に合わせての交代はやりやすい。会社によっては最高益が出たところで交代、逆に業績が落ちたところで株価が落ちるので交代など、事業承継のタイミングは会社によってさまざまではある。

しかし、後述の場合は突発的であり、会社を継ぐ側の後継者にしてみれば厳しいものがある。最高益が出たところでの交代は、その後、業績が落ちれば後継者の手腕がないと言われ、業績が落ちたところでの交代は背水の陣のようなものだからだ。

それよりもなによりも、やはり「花道」というくらいなのだから、社長の長年の功労を称えて華やかな道をつくっていただきたい。後継者としての恩返しだ。

会長職になってからの仕事も、後継者が考えてほしい。日本経営合理化協会は、今現在で四八期だが、五〇期で交代をするという話をしている。理事長は「日本経営合理化協会会長」という立場になるのだ。

と同時に、別会社をつくってそこの社長に就任してもらい、しばらくは日本経営合理化協会のセミナー講師をお願いすることになっている。そうすれば、理事長に退職金を渡し、会長になってもらったうえで講演料を払うこともできるからだ。

よくあるのが、会長職になってからすることがないため、会長が会社に頻繁に出て来て口出しをしたりするというパターンだ。実はこういう事例がかなり多い。

社長が出張中に会長が出てきて、社長が決めたことをことごとく「このやり方はダメだ」と否定して帰っていったとか、父親が会長になり、息子が社長になったが、名ばかりで権限を委譲してくれないといったことだ。

そういう状態になってしまうと、社員は会長と社長のどちらを向いて仕事をしていいのかわからなくなってしまう。それでは社内は一つにまとまらず、バラバラになってしまうだろう。後継者は、そういうことにならないように、しっかりと会長になってからの仕事を考えて準備しておかないといけないのだ。

私も理事長の将来のことをよく考えている。そのあたりは二人ともう合意をしていて、会長職になっていただく時期も決まっている。

そういった「花道」をこちらがつくって、「こういうふうにしようと考えています」と話し、株などの移行を具体的にどうするかは、私と公認会計士さんとで決めて、理事長には細かく報告をしている。「こういうふうに細かいところはやります。任せてください」と説明するわけだ。

別会社をつくることで会長職の自由度は増すので、趣味である絵を描いたりと、理事長も夢を膨らませているようである。私としても、好きな時間をつくって、好きなことをやってほしいと思っている。

こういったことは、昨日まで話をしていない状態で、いきなり今日そんな会話にはならない。しかし、そういう日は確実に来る。そのときになって一から話をしているようでは遅いのだ。

社長の「花道」をつくるのは、後継者にしかできない「後継者としての最後の仕事」である。社長にしても、後継者にしても人生で一度しかないことだ。後悔してはいけない。時間をかけ、見事なまでの「花道」をつくっていただきたいと思う。

第5章

社長になったら
まずやるべきこと

社長になったとき、最低三年は前社長の考えを踏襲する

「社長になったら会社をドラスティックに変えてやろう」と考えている後継者の方がけっこう多い。戦後すぐに創業した会社にとっては、会社を取り巻く社会環境は激しく変わってきた。女性の社会進出にともない、産休や育休なども拡充してきたし、最近では男性社員も育休をとるようになってきた。

働き方自体も、昔は朝早くから遅くまで働くことが美徳とされる傾向があったが、それも変わりつつある。会社としても法令順守や、社会的責任ということが問いただされるようになってきた。

そういった時代の変革のなかで、それが「あたりまえ」として育った後継者のなかには、創業者がつくった理念などがときに古臭く感じることがあるのだろう。わからないでもない。私も本書のなかで「自分が社長になるまで我慢しなさい」と何度も書いてきた。「自分が社長になったら、ここと、ここを変えて……」などと、虎視眈々とそのときのことを考

えている方もいるだろう。

しかし、社長になったとたんに理念などを変えることは完全にアウトだ。

最低三年は前社長の考えや、やり方というのを踏襲すべきだと私は考えている。

三年という数字に深い意味はないが、後継者が社長に就任して「なじむ」のにそのくらいの期間がかかるだろうということだ。これは人によって差もあるので、三年から五年くらいとみてほしい。急に変えようとすると社員から拒否反応が出ることがある。その間、焦らずどっしりとかまえていてもらいたい。

創業者が採用した社員というのは、創業者の社員だ。しかし、三年から五年経つことによって社員も当然、役職が変わったり後輩が入ったりして立場が変わってくるだろう。給料も当然変わってくる。辞令を出したり、給料や賞与の査定をしたりすることによって、自然と後継者の社長としての立場が確立してくるものなのだ。

社長になって急激に改革をしてはいけない真の理由が、もう一つある。経営の究極の目的は、「永続させること」以外にない。永く永く繁栄を続けていくためには、「革新させるべき部分」と「絶対に変えてはいけない部分」があるのだ。

何十年も経営をしてきた先代の知識や知恵というのが、「絶対に変えてはいけない部分」

の一つだ。そのなかには先代が自身で身を持って経験した原理原則が含まれていることが多い。経営は、この原理原則が八割で、残りの二割が時事的なものだと新将命先生は言う。

その重要である原理原則を昨日今日に社長に就いた後継者が変えてしまうと、ときにリスクが生まれることがある。つまり、原理原則を忘れて時事的なテクニック論に走ると、会社はおかしくなってしまうことがあるのだ。

「不易流行」という言葉は、みなさんご存知だろうか。江戸時代の俳人・松尾芭蕉が「奥の細道」の旅の間に体得したものである。

「不易知らざれば基立ちがたく、流行を知らざれば風新たならず」と言ったという。「不変の真理を知らなければ基礎は確立せず、変化を知らなければ新たな進展もない」という意味だ。経営も同じである。

特に変化の激しい昨今、「不易」より「流行」が重視されがちである。会社では「即戦力になる人材」や「すぐに役立つ知識」が重宝される。

しかし、「即戦力になる人材」というのは、自社にすぐなじんで力を発揮できるかというとそうではなかったり、「すぐに役立つ知識」というのは、今日明日は役に立っても、数年経てば陳腐化していく可能性もある。

そのなかで数十年も経営をしてきた先代の知識や知恵というのは、間違いなく「不易」、

「絶対に変えてはいけない部分」にあたるのだ。社内に混乱を招く恐れもあるので、むやみに変えるものではない。

もちろん、時代にそぐわない部分が出てきていたら、そこについては変えればいい。ただ社長に就任してわずか三年でそのような部分が出てくるとは、私には思えないのだ。次の項目で事例を出して説明したい。

先代の否定は絶対にやってはいけない

ある会社の事例がある。ここはロングセラーの商品があり、そのロングセラー商品が実に売り上げの八〇%を占めている。今の社長の父親が創業したのだが、代が変わったときに、新社長はそのロングセラー商品の名前をキャッチフレーズに入れ、「〇〇をぶっつぶせ！」と社内で打ち出したのだ。

新社長としては、もちろん「それを超えるような商品を出そうよ、つくろうよ」という意味合いでキャッチフレーズを打ち出したのだが、それに対して創業者は烈火のごとく怒った。「俺が出ていくか、お前が出ていくか、どっちかだ」と叫んだそうだ。

創業者が激怒するのも無理はないだろう。新社長はもちろん息子だが、自分が育て上げてきたロングセラー商品もまたかわいい子どもだからだ。

それを「ぶっつぶせ」と言われたことで、自分の人生を否定されたように感じたに違いない。完全な誤解ではあるが、たとえ誤解であったとしても、先代を否定していると思われるようなことは絶対にやってはいけないのである。

先代の考えを踏襲して、順調に経営している会社もたくさんある。私の親友である、エバという会社の江場大二社長もその一人だ。エバは名古屋で医療用酸素を製造販売している会社だ。

江場社長の父親である江場康雄会長と理事長の仲が良く、家族ぐるみでお付き合いをさせていただいていたので、江場社長と私も小さい頃から顔見知りだ。年齢も経歴も趣味も似通っているので、我々も仲が良く、一緒に食事をする機会も多い。

江場社長が社長に就任したのは、二〇〇九年のことだ。それまで海外経験を経て、外の会社で三年間修業をし、自社に戻り下積みを重ね、二〇〇四年から五年間は専務として勤め、そして社長に就任したのだ。私が本書で書いていることを、後継者としてそのまま経験してきているわけだ。

社長に就いて五年になるのだが、ここまで会長の考えを踏襲してよくやっているなと私は感じている。医療用酸素を扱っているので、毎年一回、「命」をテーマにしたシンポジウムを大々的に行っているが、そういったイベントも今まで通りこなしている。私も毎年参加しているが、シンポジウムのパネラーの方々や、参加されている方々をきちんと自分の人脈として取り入れているのだ。

それだけではなく、最近になって新事業などもスタートさせている。新事業というのは、なかなかすぐに芽が出るものではないため、苦労しているようだ。しかし、昨年、会社が五〇周年になったということもあり、「原点回帰」を自分のテーマにして頑張っている。

新しいことを始めるにあたって、創業時にどのようなことを会長である父親が学んできたのかを知ろうと、セミナーに積極的に参加して勉強している。現在は、前述している「無門塾」に参加しながら新しい人脈をつくったり、新事業をどのように進めていくか考えているところだ。こういった会社、後の継ぎ方もあるのだ。


私は今、専務理事という立場だが、日本経営合理化協会には二十数人の社員がいる。その社員たちは理事長に憧れて、または理事長の志に惹かれて入協した人たちなのだ。

いずれ交代して私が理事長に就任するときが訪れるのだが、役職が理事長に変わったとしても自分自身が偉くなるわけではない。そこは後継者であるみなさんが忘れてはいけないところだ。

社内の人間というのは、前社長の魅力についてきた人たちだということをわかっていない後継者が多い。社員たちに本当に認められてからはじめて理念やそういったことに、少しずつ自分の色を出していく。それができていないうちにドラスティックに変えてしまうと、売り上げが落ちてきたり、急激に数字に出てくるものだ。

中小企業というのは「人」である。人が考え、人がモノをつくり、人が売ることによって利益が出る。社長が交代して急激に業績が落ちるというのは、間違いなくモチベーションの問題だ。病気と同じで、そういう症状が出ているなら早めに対処しなくてはいけない。


京都府は、数百年続いている会社が数多くあり、世界的に見てもめずらしいとされている場所だ。そうなったのは、戦争で焼かれなかったというのも理由の一つだろう。

京都の「老舗」と呼ばれる会社を見ていると、代々受け継がれている家訓というものがある。そうした京都の老舗の家訓について、滋賀ダイハツ販売の後藤昌幸先生から以前学んだことがある。

「それ、家を起こすも崩すも皆、子孫の心得ばかりなり。名跡を汚さぬように子孫を教え、仁義を以て人を召使いそれが先祖への孝と思え」

こうした一文がどこの家訓にも必ず入っていると後藤先生は話していた。

「お客様第一主義」を掲げる会社は数多いが、その会社は創業者を、社員たちを本当に大切にしているだろうか。この一文には、それこそが創業者への孝行だと書かれているのだ。

「CS(顧客満足)の前にES(社員満足)が重要だ」と聞いたことはないだろうか。実は、数百年前からそれと同じことが京都の老舗の家訓のなかで言われていたのだ。社長として先代を敬い、社員を敬うことができなければ、お客様を敬うことなどできるはずがないだろう。

精神論的な話に聞こえるかもしれないが、こういうことがベースにあったうえで、後継者の手腕が問われているのだ。ただ手腕だけがあっても、そこに心がなければ社員はついてこないと肝に銘じてもらいたい。

後継者の「自分の色」は、徐々に発揮していけばいい

後継者の方から、「会社のなかで、いつから、どうやって自分の色を出していけばいいのか」という相談を受けることがある。「自分の色」とは「自分の得意分野」からくるものだ。下積み時代に何をやったのかを思い出し、そこから徐々に自分の色を出すのが一般的である。

いきなりすべてを「自分の色」に染めようというのは無茶な話だ。営業の現場で働いていたのか、製造の現場で働いていたのか、これまでの仕事の経験を振り返り、そういったところから自分の得意分野で攻めていけばいいのである。

たとえば、自社に入社してから営業で頑張ってきたとする。後継者なら社員たちから認められていくためにも、一度くらいは営業成績でトップをとってもらいたいと思う。何年もやっていると、社員のなかにはトップ営業マンみたいな人がいて、その人のほうがトータル的には成績がいいかもしれない。しかし、その点を気に病むことはない。むしろそのくらいの社員がいたほうが、将来頼もしい存在になるからだ。

それよりも重要なのは、「目線」だ。後継者は社員と比べて圧倒的な早さで役職に就いていく。営業をやっていても「目線」は、「自分が営業部を統括するようになったとき、どうなっていなければならないか」など、一段上の立場の目線でつねに捉え、新規開拓の方向、組織体制の方向、売れる商品の分析など、将来の展望を考えていなければならないだろう。

そして、営業部の部長に就任したときに、自分が今まで考えてきた構想を徐々に実践していく。その段階になると、また一段その上の立場の目線で社内を見てもらいたい。営業部門だけでなく、製造部門のことも考えなくてはならないし、会社全体の数字に関しても考えなくてはいけない。会社によっては、もう「社長目線」なのかもしれない。

そうやって、自分の現場での下積みを生かしていけばいい。「リーダーシップを発揮して、社員を牽引していかなければならない」などと、焦る必要はない。新社長に重要なのはバランスなので、得意分野を中心に、製造も営業も幅広い知識を持って社内の内部統制をしていってもらいたい。

ある地方の酒造メーカーの話だ。ここの八代目の社長がまだ後継者であった頃、ずいぶんと長い間、ほかの会社に修業に出ていた。その後継者は、当時から日本経営合理化協会のセミナーに参加していたので親しかったのだが、彼と一緒に飲みに行くと、「父親の会社に戻りたくない、戻りたくない……」といつも愚痴をこぼしていた。

そんなときは、「いつかは戻らないと」と私も諭したりしたことがあったのだが、彼は急に父親の会社に戻らなければならなくなった。父親が病気で倒れてしまったのだ。しぶしぶという感じで父親の会社に戻り、彼は社長に就任したのである。

そうした経緯で会社に戻ったので、最初は父親である会長とよく衝突していた。彼がたまに東京に出張で出てくると、誘われて飲みに行ったのだが、話の九割が愚痴だった。「自分がネットを活用し始めて売上利益を上げたと思うと、父親が無駄遣いをする」とか、「父親の部下だった古参社員が、やれ業界的に無理だなんだと、自分の言うことを聞かない」など、とにかくたくさんの愚痴を聞かされたものだった。

しかし、その社長は私も驚くほど変わっていった。セミナーで得たことを確実に実行していき、成果が出るようになってきたからだ。

就任当初は、何をやっても会長や古参社員から反対を受けたが、社長は根気よく説得する努力を続けた。ホームページを次々に新しくして、ネットからの注文をとるようにし、英語のホームページも開設するとついには海外からのお客様も獲得していったのだ。

なかでも驚いたのは、毎年秋に開催するコスモスのイベントだ。社長が父親の会社に戻った直後から植え始めたコスモスは、最初は社長をはじめ役員たちに反対され、「土地はほかのことに活用したほうがいい」と、せっかく植えたコスモス畑をブルドーザーで潰されてしまったこともあったそうだ。

しかし、社長はそこであきらめなかった。多くの人の反対に耐えて、またコスモスを植えたのだ。そのコスモスは、現在一〇万本にまでなるという。今ではテレビで放送されるようになり、イベントの来場客数も毎年のように増えているそうだ。

そこまでくると、会長も古参社員も、社長を認めざるを得なかった。何年も何年もかかったが、もう誰も社長に反対する者はいなかった。それどころか全員が一丸となってイベントを盛り上げるまでになったのだ。

会社というものは生き物である。一気に変えてしまうとやはり拒絶反応も出る。「自分の色」というのは、一気に出すというよりは徐々に出していくことが重要だ。

新社長というのは誰がなっても最初は初々しく違和感があるものだ。新品のスーツと同じと考えればいい。自社の新入社員を見てもわかるように、最初はスーツが板につかず、どこかぎこちなさが漂っていて、お世辞にも似合っているような人は見かけないだろう。

しかし、不思議と仕事を通して似合うようになり、スーツ姿が様になってきちんと着こなせるようになるのだ。後継者も背伸びをする必要はなく、徐々に「自分の色」をなじませていけばいい。

社内にいる兄弟は、「分ける」ことで円満になる

兄弟経営というのは難しいものだ。理事長が言うように、「息子が二人いたら会社を二つつくりなさい。息子が三人いたら会社を三つつくりなさい」というのが理想だ。そうすれば争いが起きないからだ。

滋賀ダイハツ販売の後藤昌幸先生もそのようにしている。長男が滋賀ダイハツ販売を継ぎ、次男、三男はそれぞれ板金工場、イエローハットを経営している。いずれも「車」関係ということで一致している。そうすることで、連携も取れるからだ。会社の大小はあるが、その分は違うところで手厚くしているのだろう。おかげで兄弟仲が良いのである。

ただ、それはあくまで理想だ。実際にいくつも会社をつくるのは簡単なことではない。そのため、お客様の会社を見ていても、社内に兄弟がいるという方は多い。なかには兄弟全員が入っているという会社もある。

しかし、兄弟経営をしている会社は多いが、兄弟が仲良くしている会社は非常に少ない

のが現実だ。これについては会社の数だけ違った理由がある。

もともとは仲が良かったが、父親が亡くなったとたんに株で揉めたり、どちらが社長になるかで揉めたり、最後の最後に退職金で揉めたり、兄弟の奥さん同士の仲が悪いことが原因で兄弟まで縁がなくなってしまったというケースまである。

同じ両親から生まれた兄弟でも、まったく同じ人間ではない。同じように育てても、食べ物や着る洋服、聴く音楽や観るテレビなどの好みは変わってくるし、成長のスピードも違う。学校で得意な教科も違うし、仕事上の能力も違うのだ。

それなのに、小さい頃から仲の良かった兄弟が、ここにきて喧嘩をしてしまう。これほどもったいないことはないだろう。


では、兄弟間で良好な関係が続く事業承継には、どんなやり方があるのか。

第3章でも登場した、京都で四三〇年の歴史を持つ老舗料亭の平八茶屋は、創業以来、一子相伝でやってきた。四三〇年の間、必ず長男が継いできたのだ。次男を社内に入れるということもしない。そのため、二一代目の園部晋吾社長の弟は、日本経営合理化協会で働いている。料理とはまったく異なる業界で働いているわけだ。

いわゆる老舗と呼ばれる歴史の長い会社のなかには、一子相伝の形態のところが比較的多くある。長男が継ぐことがあたりまえとされ、子どもの頃から継がせることを前提に育てていく。跡継ぎが決まっている状態で、兄弟を社内に入れないため揉め事も起きず、だからこそ長期間にわたって会社を続けていくことができるのだ。これも一つの事業承継の方法なのである。

一方で、同じ会社に兄弟が入っているが、喧嘩をしないようにエリア、商圏で分けている会社もある。商圏と言われてもピンとこないかもしれないが、ガソリンスタンドを想像してもらえれば理解しやすいだろう。

自動車のガソリンを入れるために、何十キロも先のスタンドに入れに行く人はいないだろう。たまたま出先で入れることもあるが、自宅から数キロ、または職場から数キロという人がほとんどのはずだ。

そうすると、もし自分がガソリンスタンドの会社を経営していたとしたら、地図のガソリンスタンドごとに半径数キロの円を書いていけば、その円がぶつからないところに出店できることになる。大雑把に言うと、これが商圏の考え方だ。

そうやって分けた商圏で、「こっちを兄がやって、隣を弟がやる」というふうに分けるのだが、この方法には危険もある。兄と弟がやっているうちはいいのだが、兄弟の子どもたちの時代になったら、どうなるかわからない。祖父がせっかく分けた商圏に侵入してくることもある。やれ「こっちが本家だ」と言えば、もう片方が「じゃあ、こちらは総本店だ」などと言い出すと、これはもう泥仕合だ。

だが、こうした〝お家騒動〟のようなことは実際にある話で、ニュースなどでも一度は耳にしたことがあるはずだ。もし商圏で分けるのであれば、後々まで考えて、関東と関西などはっきりと区別したほうがリスク回避になるだろう。

兄弟で「つくる会社」と「売る会社」で社外分社をすることで、役割で分けた会社もある。トヨタ、ソニー、東芝なども今は一本化しているが、昔は製造と販売で会社を分けていたこともある。会社のサイズによってもいろいろあるのだろう。

日本経営合理化協会のお客様のなかでも、このように分けてやっている会社も実は多い。先にも出てきた廣記商行では、三兄弟がそれぞれ分かれてやっている。長男が国内で味覇や中華食材を販売する廣記商行、次男が食材を輸入してくるパンオーシャン（現在は、グループ会社で中国菓子の製造を行う株式会社和昌に出向中）、そして三男が中国料理店の大陸風、というかたちだ。この会社も実に兄弟で仲が良いのだ。

私が明快に思っていることは、兄弟が同じ会社にいるのであれば、それぞれの能力に見合った役職を与え、場合によっては給与の面でカバーするということだ。

ときに、社長の子どもだからというだけで、地位の高い役職に就いているが、残念ながらその実力がともなっていないという人を見かける。リーダーシップに欠けているにもかかわらず役職に就いていると、その下で働く部下たちが苦労をする。会社としても、そういう状態では、決して成果を出すことはできないはずだ。

もし高い役職に就けるには実力不足が否めないのであれば、無理にそういうポストを与えず、給与の面で不満のないようにカバーをしていけばいいのである。

兄弟間での役職や処遇というのは、父親の寿命も永遠ではないので、あらかじめしっかりと決めておくべきだ。

たとえば、父親から「(兄である)お前に継がせるつもりだ」と言われたら、そのときに「弟はどうしますか」と聞いて決める。あるいは、「こういうふうにしようと思っています」と提案するなどして父親がどう思っているかを確認しておけば、いざというときに後ろめたい思いもしなくていい。

最近では「遺言書」をしっかりつくっている社長も多いし、「終活ノート(エンディングノート)」などというものも広まってきている。ところが、この遺言書をめぐって、兄弟で揉めて有名になってしまった会社もある。

弟が会社を継いでいたが、ある日突然、長男が「長男に会社を継がせる」と書いてある父親の遺言書を持ってきたのだ。遺言書が捏造だとの話も出たが、本物かどうかはわからない。会社は揺れに揺れた。弟は自らの正当性を主張し、職人たちを連れて会社を飛び出して、新しい会社を興したのだ。こうなってしまうと、その会社の商品を買ってくださっていたお客様にも迷惑がかかってしまうだろう。

なんとも悲しい事例だが、実際にこうした事態が起こりうるため、「終活ノート（エンディングノート）」なるものが脚光を浴びている。会社のことはもちろん、社長の個人資産の分配のやり方まで細かく書き込むのだ。

円満にいくのが一番ではあるが、こういうものが流行るのは、やはり揉める会社が多いことの裏返しだろう。しっかりと考えるようにしてもらいたい。

古参社員を立てることで、信頼関係を築く

先代社長の部下として長年働いてきた古参社員との付き合い方というのは、新社長として非常に扱いに悩むところだろう。しかし、後継者にとって、年上社員というのは絶対に存在するものである。

目の上のたんこぶのような存在に感じている後継者もいるかもしれないが、会社を支え続けてきてくれた大切な社員だ。後継者が古参社員に対してぞんざいな扱いをしているようではいけないし、腫れ物に触るようなギクシャクした関係も望ましいとはいえない。

日本経営合理化協会のお客様のなかには、新社長と古参社員が良好な関係を築いている会社がいくつもある。古参社員の方が、ときに番頭的な立ち回りをしてくれたり、ときにこっそりと助言をしてくれる存在にもなっているそうだ。社長に就いたばかりの頃ほど、そうしてさりげなくフォローしてくれるような古参社員の存在はありがたいものだろう。

日本経営合理化協会でいえば、私が継いだ場合、やはり年上社員というのが何人か社内

にいる。特に二〇歳年上の経営研究所所長の熊谷聖一、一三歳年上の常務理事の作間信司が私の双肩となっている。社内の座席の位置も、その二人に挟まれるように私の席が配置されている状態だ。年上社員たちが輝ける場所、ポジションであったり仕事であったりをつくっていくのも、後継者である私の仕事の一つだと思っている。

こんなことは絶対にありえないのだが、私が後を継いだときに、もし社員の目が私のほうにばかり向き、私だけがちやほやされて、会社のために長年尽力してきた二人の存在がないがしろになるようではいけない。

私は、どんなときも二人にはいの一番に報告をするようにしている。良い報告、悪い報告、その内容はさまざまであるが、「ちょっとお時間いいですか」と声をかけ、会議室に招き、「このようなことがありました」と報告をする。二人に頼り切って依存することがあってはいけないが、報告はマメにするべきだと考えている。

実は、そうした細かい配慮が相手を立てることになる。この二人に、「そんな重要なこと、私は聞いていません」などということがあれば塩梅が悪いだろう。そんなことが続けば、関係性が徐々に悪化してきてしまうので、意識して報告することを心がけているのだ。

二人とほかの会社のことなどを話しているときに、「お前みたいな立ててくれている人だったらいいけど、あそこの会社は違うからな」といった話になることがある。そんなふうに感じてもらっていることを、私はうれしく思っている。

また、熊谷には熊谷の人脈、作間には作間の人脈というものがある。それぞれ得意分野が違うため、その分協会全体として豊富な人脈を築くことができている。

私は仕事柄、お客様から多岐にわたる相談を受けるのだが、その相談内容によっては二人の意見を聞いたり、場合によってはそれぞれの人脈を活かして解決に向かっていくこともある。強く必要とされていれば、人は輝いてくるものだ。こちらの要望にいきいきと応えてくれる二人の姿を、とても頼もしく感じている。

こんな笑い話がある。お客様の会社で、得意先の数があまりにも多いため、人間生き字引のような秘書を辞めさせられないという。その秘書の方は会長、社長よりもお客様の顔と名前を憶えているそうで、会長の父親の代から秘書をしていて、歳は八〇歳をゆうに超えるというから驚きだ。

新社長はどうしても指示を出しにくかったため、とうとうその秘書の方とは別に若い秘書を雇ったそうだが、何を誤解したのか、その年配の秘書は「社長が私に秘書をつけてくれた」と喜んでいるそうだ。

こうした会社にとって必要な古参社員に対しては、定年になってからも再雇用などをしている会社が増えてきている。ただ、基本的に古参社員というのは自分より年上なので、定年が早くに訪れる。そのときに、どれだけきちんと報いることができるかも重要だ。

これはある意味、新社長の男気の問題でもあるのだが、ここで揉める会社も実はけっこう多い。特に退職金について一悶着あったような話は、決してめずらしいことではないのだ。

退職間際の最後の最後に騒動になってしまったりすると、その人にも人脈があるので、ほかの会社に知られたり、業界で噂になったりすることがある。

「あそこの会社、退職金絡みで揉めているらしいよ」といったことは、すぐに噂になりやすい。この手の話が好きな人が必ずいるからだ。噂話にはいつしか創作も加わり、どんどん話が大きくなったうえに、それが広範囲に広がってしまうと会社にも影響が出てくる可能性がある。

お客様のなかでも、知り合いの会社や取り引き先にファックスで怪文書が出回ったケースが何社かあった。会社にかぎらず、コンサルタントでも起こることだ。揉めて二分して、どちらが元祖だとか真祖だとこじれるところがあるが、そういう場合も注意が必要だ。

男の嫉妬や執念というのは、ときに女のそれよりも怖いものがある。大きなトラブルに発展するようなことがないように、まずはしっかりと古参社員との関係を日頃から深めていってほしいと思う。

幹部にすべき人は、会社への忠誠心で決める

「幹部にすべき人は、仕事の能力の高さより、会社への忠誠心で決めること」、これが重要だ。なぜそうなのか、「仕事の能力の高さ」と「会社への忠誠心の高さ」で分類してみるとわかりやすくなるだろう。

Aさんは仕事の能力が一〇点満点だが、会社への忠誠心が三点しかない。

Bさんは仕事の能力が七点だが、会社への忠誠心も七点である。

Cさんは仕事の能力が四点だが、会社への忠誠心は七点である。

Dさんは仕事の能力が四点で、会社への忠誠心も四点だ。

仕事の能力も会社への忠誠心も、どちらも高いというのがベストなことは間違いない。しかし、なかなかそううまくはいかない。一人ひとり顔が違うように、社員によって能力的にも精神的にもバラつきがあるのは当然だ。それをわかったうえでマネージメントするのがマネージャー（経営者）の仕事である。

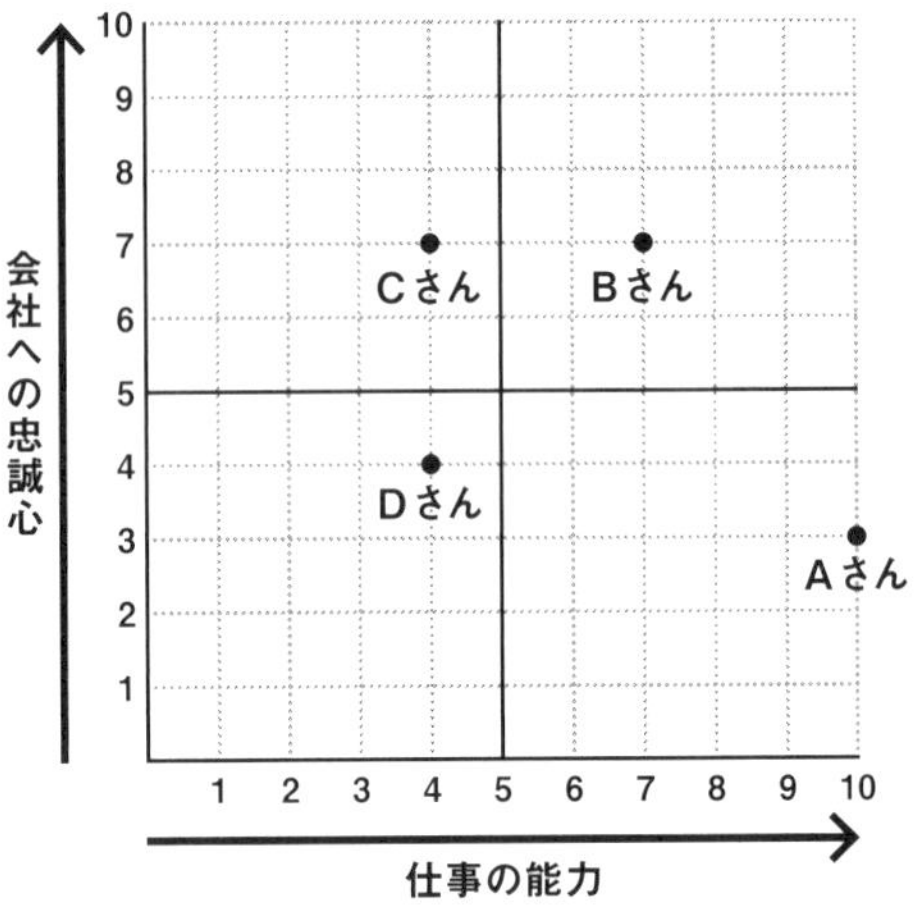

冒頭に書いたように、AさんとBさん、どちらを幹部にするかで考えるなら、会社への忠誠心が高いBさんを幹部にするべきだろう。

では、仕事の能力が高いAさんはなぜダメなのか。会社への忠誠心が低いというのは、会社を辞めるリスクが高いということだ。

重要なポジションを与えても辞められてしまっては、後々苦労するのは会社だ。しかも実際にある話だが、独立して同業を始めてしまったり、その際お客様を持っていってしまったという話は山ほどある。

私が親しい会社でもそういうことが何社かあった。先代社長の番頭であった社員が突如会社を辞めて、まったく同じエリアで同じ商品を売り始めたり、得意先に営業に行ったら元社員にばったり会ってしまったなど、冗談みたいな話だが本当によく聞く。義理も何もあったものではないと思わずにはいられない。

Aさんタイプは給与面の配慮をするようにしたり、あるいは会社への忠誠心が低いのであれば、モチベーションを上げるような教育をすればいい。しかし、モチベーションを上げるというのは、仕事の能力を上げることに比べれば簡単なことではないだろう。

仕事の能力というのは入社年数によっても上がるし、ある程度は数字ではかることができる。対して、モチベーションというのは数字ではかることができない。

そういうAさんタイプの人には、新商品のプロジェクトチームなどのチームリーダーを任せてみたり、やりがいのある仕事を任せることによって、モチベーションが上がるような工夫をしていくことが大切だ。

同世代の社員同士でのコミュニケーションを見ていると、個々のキャラクターが見えてくる。それを踏まえてメンバーの組み合わせや誰をリーダーにするかなど、こちらが采配をして決めていき、チームで仕事をさせてみる。その際、人数は五～一〇人が望ましい。Aさんのモチベーションが上がるような編成にし、やる気を引き出してもらいたい。

Cさんは仕事の能力は低いが、会社への忠誠心は高い。こういう社員は目をかけてあげれば伸びるだろう。そういう意味では、将来的には有望かもしれない。

仕事の能力は、働いた年数によって変わってくる。社員教育をすれば普通は上がっていくものだ。ただ、仕事の能力が開花するにはきっかけが必要だ。

日本経営合理化協会で三〇年間続いている、澤田三吾先生のＳＰＴ営業マン研修という合宿研修がある。三泊四日で挨拶や名刺の渡し方のような基本から、自社商品カタログを使用したロールプレイング実習、エリアを決めてサンプル商品の飛び込み販売までやる本格的な研修だ。

今の時代、飛び込み営業というのは嫌われるものだろう。しかし、だからこそ逆に重宝され、若手社員の登竜門のように、この研修に毎年社員を参加させる会社もあるほどだ。私がＳＰＴ営業マン研修の担当をしていたのは、入協してすぐの頃だ。年間数百人という営業マンを見てきたが、そのなかでも特に印象に残っている参加者がいる。

さまざまな商品を扱う営業マンたちが一つの会場に集まるので、ベテランと呼ばれるような年齢の営業マンを派遣する会社もあれば、新人教育の一環として若手を派遣する会社もある。そのなかで、目立たないが頑張っている新人営業マンがいた。

サンプル商品の飛び込み販売も、販売本数は平均以下であったが、彼はなんでもまじめに取り組んでいた。あっという間に四日間の研修は終わったが、翌年、その会社の事業発展計画発表会で私は驚いた。

彼は新入社員のなかでもダントツの成績で新人賞を受賞して、表彰されたのだ。休み時間に彼はまわりから「おめでとう」と言われると、「あの研修のおかげです」と返していた。

しかし、それだけで終わらず、それからほぼ毎年のように彼は社長賞を受賞している。今年の発表会でも受賞していた。二年、三年目くらいまではまだまだ新人臭さがあったが、今ではすっかりベテラン営業マンだ。彼と話したが、「今でも研修で習ったことがしみついています」とうれしそうに言っていた。

社員研修というのは、よく一過性ですぐに効果がなくなると言う人もいるが、だからといって何もしないようでは、社員の成長のスピードは上がらず、いつまで経っても仕事ができるようにはならないだろう。スポーツでも趣味でも同じだが、自己流では限界がある。自ら研修効果を継続させて結果を出している人もいることを覚えておいてほしい。

話が長くなったが、残る問題は、仕事の能力も会社への忠誠心も低いDさんだ。こういう人はどうすべきか。辞めてもらうというのも、一つの選択肢かもしれない。

しかし、私としては、採用した側にも責任があると考えている。まずは「その人がいきいき働ける場所」を与えてあげることが最優先だ。部署を異動し、仕事内容を変え、一つずつたしかに教育していく。何かの縁でせっかく入社したかわいい社員だ。どんな社員にも、経営者としてチャンスはあげるべきである。

留守を任せられる人を、自分の片腕候補にする

中小企業のなかには、何もかも自分で決めて完全にワンマン経営をしている社長が多々いる。そんな社長は決まって、「自分には片腕なんて必要ない」と言う。

しかし、「社長に片腕は必要か、必要でないか？」と訊かれたら、私は間違いなく、「絶対に必要です」と答えるだろう。

社長というのはとにかく忙しい。会社を留守にしていることも多いので、留守中に緊急なトラブルがあったときに正しい判断ができたり、すぐに社長の代わりに現場に飛んで行ける片腕が絶対に必要なのだ。

特に食品関係や生き物を扱っている会社、工場などは、トラブルがあった場合、とにかく初動が重要だ。

ラインをストップしたり、取り引き先への対応をしたり、ときには早期に回収しなければならないこともあるかもしれない。その対応が遅れれば遅れるほど会社の信用に関わっ

てくる。ワンマン経営の人は、そういうときにいったいどうしているのだろうか。

それほど重要なポストにもかかわらず、社長交代をすることになってからはじめて、「自分の片腕」がいないことに気づき、慌てる人がいる。そんな状態になってからなんとかしようとしているようでは遅いだろう。


「片腕にすべき人」のイメージというと、どんな人が思い浮かぶだろうか。前述したが社長というのはとにかく忙しい。フェイスブックなどを見ていると、日本国内に留まらず、世界中を飛び回っている人も少なくない。だからこそ、まずは自分が留守の間、会社を安心して任せられるかどうかというのが重要な要素である。

それに付随して、留守に起こったことを後からきちんと報告、連絡できる人が望ましい。留守中に起こったクレームを報告してくるのはあくまでも最低限のレベルで、社内で起きたことなど細かいことまで報告してくれる人だと、安心して外出することができる。そこまで報告してくれる人なら、信頼感は増していくだろう。

留守中の出来事を細かく報告してくれる人が望ましいと述べたが、社内全体としても、普段から悪い報告ほど早く上に報告されるようにしなくてはいけない。

どの会社も「悪い報告ほど早く」とルールでいっているとは思うが、なかなか徹底するのは難しい。人間誰しも心のどこかに「言ったら怒られる」「バレたら怒られる」という思いがあるため、つい隠してしまうからだ。

これは会社として、ミスに対してペナルティを課しているからではないだろうか。それでは隠ぺいはなくならない。人間は完璧ではないので、ミスは誰にでもあることだ。そもそもミス自体は問題ではなく、「報告義務違反」が問題なのだ。それならば、報告義務違反に対してのペナルティを課せばいい。

まずは会社全体で、そういった報告・連絡がきちんと上に報告される社風をつくる努力を絶えずしていくことが大切である。

話を戻すが、「自分の片腕」というのは、ある日突然現れるものではない。後継者である自分で育てていくものだ。片腕として活躍できるまでには時間がかかるので、そういう人を早い段階、具体的に言えば自分が部長職になったぐらいから目をかけて育てていくことが必要だ。

当然だが、片腕候補は後継者自身で選んでほしい。どんなに優秀な社員だとしてもいい関係が築けなければ意味がないので、自分との相性も考慮して選んでもらいたい。そのためにも、後継者は将来的なことを考えて採用に積極的に絡んでいくほうがいいだろう。

そして、選んだのであれば、留守中の判断などを間違わないために、自分と同じ「経営者的な目線」で物事を見られるよう教えていかなければならない。もっとわかりやすく言うなら、営業部都合や生産部都合といったことではなく、会社全体としてとらえられる「全体最適」で物事を見られるように育てていくことが求められるのだ。

この視点を得るまでには時間がかかる。サラリーマン感覚ではなかなか身につかないからだ。どうしても「経営者的な目線」「全体最適」で物事を見られないようなら、別の人をまた探さなければならない。

「今から選ぶので、そんなにすぐには育てられない」「間に合わない」と言うのであれば、とりあえずは社長の片腕だった人に引き継いでもらったり、自分より年上の古参社員を片腕にする方法もあるが、それはあまりおすすめしない。

年上の社員では、自分の片腕がいないという問題の解決をただ先延ばしにするだけだからだ。少なくとも、自分が社長になり、また次の代に引き継いで軌道に乗るまではしっかりと役割を果たしてもらいたいので、次の後継者やその脇を固める人材の育成を考えると、片腕候補は自分より年下の人がベストだ。

後継者は、「また次の代に」という「流れ」として、経営のすべてを考えなければならない。一時の「その場しのぎ」は、いつか必ずほころびを生むことになるだろう。

　先日、ある会社の事業発展計画発表会で基調講演をしたときのことだ。基調講演も終わり、懇親会会場に移動していると顧問から声をかけられた。

　その会社は顧問の父親が創業した会社で、顧問が長男、相談役が次男、会長が三男、そして会長の息子が現社長になっている。顧問は、私を呼び止めると近くにあったソファに座るように促し、こう切り出した。

「牟田さんや銀行の方は、あぁおっしゃってくれたけど、実はウチも大変でね……」

　話を聞いていると、顧問の世代は兄弟三人でやってきたと言う。多少の揉め事はあったようだが、兄弟三人が目指すものは同じ、「会社の繁栄と社員の幸福」だった。それが同じであるなら、こんなに心強い片腕はほかにいないだろう。

　しかし、自分たちはそれでうまくやってこられたからよかったが、気づけば現社長の片腕役が育っていなかった。それに今になって危機感を抱いていると言うのだ。これは現社長もつらい立場だろう。

　私は、懇親会を終えて帰社してから、現社長に顧問から聞いた話をして、

「今からでも片腕を早急に育てたほうがいい」

と伝えた。すると社長も、

「実は以前からそう思っていたのですが、日々の仕事に逃げてしまっていました。自分が営業から入ってきているので、そのなかから片腕になれるような社員を育てていきます」

と言っていた。時間はかかるだろうが、現社長が「あのとき頑張って育てていてよかった」と思う日が必ずくることだろう。

「つくる・売る・分配する」三人の部下を育てる

自分の片腕候補が見えてくるあたりから、自分が社長に就いたときの中心社員も育てていかなければならない。理事長はよく講演のなかで「自分の片腕、プラス三人」と言っている。三人とは、「つくる（製造部門）・売る（営業部門）・分配する（総務部門）」の三人だ。これが最小単位の組織となる。

会社の組織が大きくなってくると、その「つくる・売る・分配する」部門の三人が、自分の下にまた三人の部下を育てていくこととなる。そしてまたその下に三人……というようになっていく。

役職が増えれば増えるほど情報の伝達が遅くなるので、「理想の組織」とはフラットな組織だと私は思っている。後継者は、まずそういった組織のイメージを頭のなかに持つことが大切だ。組織をイメージしたら、次は誰を部門長にするかというのを、おぼろげながらでも考えてもらいたい。

私は五〜一〇歳刻みほどで、「この人の次は、この人」といったように組織を考えるようにしている。「ウチの会社には、人がいなくて……」と言う社長がなかにはいるが、それは育て方の問題だ。

部門長というのは社長である「自分」と「社員」をつなぐ重要なピン、リンキング・ピンの役割をしている。それだけ重要な役割があるのだから、そういう目的を持って教育していかなくてはいけないのだ。

いつもお世話になっている自創経営の東川鷹年先生は、そういった教育に長けている。一部上場企業である西尾レントオールの元常務で、西尾レントオールがここまで成長したのは東川先生の自創経営によるところが大きい。現在は独立して息子である東川広伸先生と自創経営を広めていて、広伸先生とは私も仲が良く飲み仲間でもある。

自創経営というものがどういうものか説明すると、まず社員に年間目標を書き込む「チャレンジシート」というものを書かせ、自分でゴールを決めさせる。そして、そのゴールにたどり着くために、今年一年で何をしなければならないのか、今月は何をしなければならないのか、今週は何をしなければならないのか、今日は何をしなければならないのか、と逆算をさせて計画を立てさせるのだ。

逆算して考えた計画を「ランクアップノート」というノートに書かせる。たとえば「今月の重点目標」という欄に、年間目標から逆算して「今月は何をやるのか」、その優先順位を書き込んでいく。そしてその隣の「具体的な進め方」の欄に仕事の段取り、「何を、いつまでに、どのようにするのか」を書き込む。

そして重要なのはその隣の欄にある「結果・反省」だ。計画通り進んでいるのか、遅れているのか。また遅れているならその原因がどこにあるのか。次はいつ、どのようにしてやるのかを書き込む。社員は会社を出るときに、そのランクアップノートを机の上に置いて帰る。そのランクアップノートを上司が見てチェックするのだ。

ランクアップノートは、上司と部下のコミュニケーションツールとしても活用できるものだ。部下と上司が話し合い、目標を定め、それに対してどう行動するのかを、社員一人ひとりが自分のノートに書き込む。そうすることで、社員個人が重視されるからだ。

上司は部下全員のランクアップノートを毎日確認する。すると、ノートを通してそれぞれの進捗状況を把握し、部下と一対一で会話しているような状態になるのだ。アナログ的に聞こえるかもしれないが、このやり取りが非常に有効だと私は思っている。

ＰＤＣＡ（プラン、ドゥ、チェック、アクション）は誰もが知っていると思うが、私が見ていて上司が一番できていないのが「チェック」することだ。これができていない上司が実に多い。

ランクアップノートを確認することは、部下一人ひとりのチェックを「しなくてはいけない」状況をつくり出すことになる。「部下の仕事の進捗を把握しきれていない」という人や、「そういう仕組みがウチは欠けている」と実感している会社は、ぜひこのノートの活用を試してみてほしい。

最初は毎日ノートに書くことに苦労するが、数年も続けていると慣れてきて、紙面をびっしりと埋められるようになってくる。

そのノートを見るだけで東川先生は「この人は部門長になる」と瞬間的にわかると言う。ランクアップノートは社員の評価にもつながるのだ。自分で決めて書いているのだから、できていなければ自分の責任なので文句は言えない。評価されたいと思うのなら、自分の決めたやるべきことを、毎日達成するしかないのだ。

こういった教育をきちんとやっている会社は、やはり部門長になる人が育っている。すべてのことには理由があるのだ。偶然ではなく必然だ。そのときになって「任せられる部下がいない」と慌てないよう、できるだけ早めに手を打ってもらいたい。

もう一点注意したいのが、誰をどの部門の長にするのか、その見極めを間違えないようにすることだ。人それぞれ能力が異なるので、つくるのが得意なのか、売るのが得意なのか、あるいは総務系の仕事が得意なのか、社員のいいところに目を向けて、適材適所に配置していくようにしなければならない。これは社長にしかできない仕事だ。

モノをつくったり研究したりすることが好きな社長は、そういうことが得意な人ばかり採用して強化し、売ることを疎かにしてしまうことがある。逆に、売ることが得意な社長は営業ばかりを強化して、既存商品を磨いたり、新商品の開発を疎かにしがちだ。挙句、会社の数字を経理に任せきりにして、不正が起きても気づかないことさえあったりする。

そういった偏りが起きないように、社長は社内に広く目を向け、バランスよく人を采配していかなければならない。

ワンマンではなく、任せる勇気を持った社長になる

中小企業＝ワンマンというイメージを持っている人は、かなりいるのではないだろうか。実際に、中小企業にはワンマンな社長が多い。

ワンマンであることは、決して悪いことではない。社長の頭から発想がバンバン出てきて、「こんな事業をやるぞ」「こんな商品をつくるぞ」「海外に進出するぞ」などと計画書にたくさん書くが、社員がなかなかついてこられないというのはよくあることだ。特に創業者にはこのようなワンマン気質の傾向が強い。

これは悪いことのように聞こえるかもしれないが、組織のトップに立つ社長というのはこのくらい「金の匂い」に敏感でなくてはいけない。そういった社外に向かうような、事業欲に対してのワンマン経営はいいことだ。むしろ、社長はそのくらいの夢を社員に見せられなくてはいけないとも思う。

しかし、社内ばかり気にして「社内のすべてを握っていないと気がすまない」という内

弁慶なワンマン経営ではいけない。これは性格もあるのかもしれないが、やはり自分を律していかなければ、いずれ会社がうまくいかなくなってしまう恐れがあることを自覚してほしい。

先にも書いたが、会社にはいろいろな社員がいる。仕事の能力も高くて、会社への忠誠心も高い社員というのは、仕事を任せて育てていく方法が一番いいやり方だ。

ところが、社員に任せていればいいものを、社長がいちいち仕事を中断させ、書かなくてもいい分厚い報告書を書かせてチェックしたり、社員に少しも決裁権を持たせなければ、会社への忠誠心も落ちてくるだろう。押さえつけていれば、いい人材が辞めてしまうようなことも起こるはずだ。

みなさんが社長になったら、一つの仕事をまるまる部下に振ってしまうようなことができないといけない。社長一人でなんでもできればいいのだが、身体は一つしかない。だから社員がいるのだ。

社員というのは社長の代行業だ。それにもかかわらず、任せることができない社長がけっこう多い。会社によっては、見積もり金額の大小にかかわらず、すべてが社長決裁というところさえある。普段、ほとんど会社にいない社長がどうやって決裁するのだろうか。

中小企業の強みは、なんといってもスピードだ。人が多く何かの許可を得るにも時間がかかる大企業に比べて、中小企業は小回りが利く。ところが、社員たちに決裁を一切任せないことによって、中小企業の強みであるスピードがどんどん失われることになる。実にもったいないことだと思わないのだろうか。

新しいお客様の会社に行けば、「見積もりをお願いします」と必ず言われる。もちろん、お客様は他社にも相見積もりをとっている。今の時代ではあたりまえだ。二日も三日も経って、ようやく社長決裁をもらった見積もりを持ってお客様の会社に急いで足を運んでも、ライバル会社に仕事をとられていたということになってしまう。見積もりは、ある金額まではその社員の直属の上司の決裁で十分だろう。

仕事の能力もあり、会社への忠誠心もある社員には決裁権を与えて、どんどん仕事を任せていけばいい。仕事を任された社員は、確実に達成するために責任を持って仕事に邁進する。自分で仕事を進めることで、「考える社員」が育つのだ。

すべてを握っていなければ気がすまない社長というのは、社員もお客様も失う可能性があるということを肝に銘じてもらいたい。

任せる仕事、任せてはいけない仕事の線引きを決める

前の項目で、社長は仕事をすべて自分で握らずに、任せるところは社員に任せるべきだと書いたが、社員に任せてはいけないというより、社長が判断を下さなければならない仕事というのは、いくつかある。

会社のブランドイメージや方向性に直結する、デザイン、価格帯などは社員だけに決定を任せてはいけない。これらは経営そのものと言っていいからだ。まさに社長が率先してすべき仕事である。

近年、東京はずいぶん外資系ホテルが増えてきたが、泊まったことがある人は想像してほしい。部屋にあるもの、壁紙、ベッド、スタンド、絵画、置物、アメニティ……。

実は、これらのどれ一つとっても、古くなったからといって取り換えるような場合は本社に許可をもらわないと交換することもできないのだ。それほど、外資系ホテルはブランドイメージを大事にしている。

それは、価格帯にも表れているだろう。外資系ホテルは、決して安売りするようなことはしない。これもまた、高級ホテルのブランドイメージを損なわないためにほかならない。それに比べると、日本企業はまだまだ「ブランド」という感覚が薄いと感じる。海外のブランドイメージを見習わないといけないところがあるだろう。

自社のブランドイメージに直結する、パッケージデザイン、店舗レイアウト、商品の並べ方、広告、広告の言葉、ホームページの見せ方などは、社員に任せたとしても、最終的には社長がチェックするべきだ。五年、一〇年と、ずっと社員たちだけに任せていると徐々に最初のデザインから外れていくものだ。

デザインが変わっていってしまうと、会社のコンセプト自体が変わってしまうことさえある。ブランドイメージに関することには、必ず社長が関わるように注意してもらいたい。

それから経費にも、社長が考えるべきポイントがある。

一口に「経費」といってもいろいろあるものだ。経費削減をすることは言うまでもなく大切だが、経費のなかには「使って儲かる経費」というのが存在する。宣伝広告費などのことだ。日本経営合理化協会であれば新聞広告を出したり、雑誌広告を出したりする費用のことだ。滋賀ダイハツ販売の後藤昌幸先生は、「戦略費」と呼んでいる。

後藤先生が会社を継いだとき、滋賀ダイハツ販売は六億円の欠損を抱えていた。当時、滋賀県内に立っている自社の看板は他社と比べて錆だらけになっており、店舗は古臭くて暗かったそうで、先生は「これではお客様に良い印象を持たれない」と思ったそうだ。そこで銀行から追加融資をしてもらい、すべて新しくしようと決断した。

ところが、幹部は揃ってこれに反対した。「これ以上、追加融資が受け入れられるわけがない」「これ以上借金を増やしてどうするのですか」と猛反発してきたのだ。

しかし、後藤先生は反対意見を振り切り、銀行に追加融資をお願いしに行った。先代社長の時代に、銀行に提出していた決算書には粉飾もあったそうだが、後藤先生はそれを全部正しい数字に直して改めて提出したそうだ。

驚いたことに銀行の支店長は、

「御社が粉飾していたのは知っていました。本当はこの状態では貸せないのですが、新社長のあなたは信用できる。あなたに貸しましょう」

と言ってくれたのだ。

現在、滋賀県内には滋賀ダイハツ販売の新品の看板が立ち並び、店舗も新しくきれいなものに蘇った状態だ。これによって驚くほど来店客数が増えたという。その結果、六億円の欠損はわずか二年で消えたのである。

こういった「戦略費」なるものは、社員にはなかなか考えられるものではない。社員というのはすぐ目に見えるところ、効果が手に取るようにわかるところに手を打ちたがる。自分の成績にも関わってくることだから、効果がわかりやすいものを選びたくなるのは当然のことだろう。

だが、前述の滋賀ダイハツ販売の実例のように、効果が測定しづらくても街中に看板を出したり、お金がかかっても新聞広告を出したり、そういうことをやっていかないと会社はどんどんジリ貧になっていく。効果がわかりやすいところばかりに出していても、いずれその効果は薄れていくだろう。

戦略的な経費というのは、社員に任せていると先細りしていく。だからこそ、つねに社長が絡んでいき、大きな予算をドンとつぎ込むようにする。こういった社員が嫌がるようなものほど、社長にしか判断することはできないものなのだ。

私が一番嫌いな言葉がある。「それ、誰の責任ですか?」という一言だ。日本経営合理化協会の仕事は、個人商店みたいなものだ。それぞれ担当者が責任を持って一からセミナーをつくり上げ、企画から募集、運営まですべてをやっている。全員が、自分の仕事に責任を持っているのだ。

だからこそ、私は「誰の責任ですか?」という、自分には関係のないような、他人に責任を押しつけるような言葉を聞くと、どうしても腹が立つ。その社員を見込んで、信じて任せた仕事なのだから、そんな無責任な態度で仕事をしてほしくない。多くの社長がそう思っていることだろう。

ただ、場面によっては思わずそう言ってしまう社員の気持ちもわからなくはない。高い費用をかけてもし失敗したらと思うと、つい後ろ向きな発言になってしまうのかもしれない。やはり金額が張るようなことに関しては、最終的には社長が判断を下すべきなのだ。

第6章

いつまでも
強く必要とされる
存在であれ

社員に希望の光を見せられる後継者でなければならない

これからの後継者にとって一番重要なのは、社員に「希望の光を見せられるか」ということに尽きる。

日本経営合理化協会で言うなら、社員たちは日本経営合理化協会という同じ船に乗っている運命共同体である。

今の経営環境というのは、少子高齢化で人口が減少しており、市場が少なくなってきていると言われている。メーカーはどんどん海外に流れ、かつてのような雇用も見込めない。安倍晋三政権になって若干景気がよくなってきているが、業種業態でまだまだバラつきがある。そのほか、消費税増税、為替相場、原材料の高騰などさまざまな問題が中小企業を取り巻いている。

その大波のなかで同じ船に乗っている社員に対して、後継者は決して不安をあおるようなことを言ってはいけない。どんな環境であっても、経営者たるもの、先に希望の光が見えるようにしないといけないからだ。

この業界にいる私がこんなことを言うのはなんだが、評論家の言うことを一〇〇％信用できるとは思っていない。正直な話、人によっては、「嘘ばかりだな」と感じることもある。

少し考えていただきたい。わかりやすい例で説明をすると、「ペーパー」というもの一つとっても、評論家はそれを大げさに言うものである。「これからはペーパーレスの時代がくる。本や新聞など読む人はいなくなり、すべてをアイパッドなどのタブレット端末で見る時代になる」「会社からも紙がなくなる」などと言う人がいる。

しかし、そんな時代はこないと私は思う。

たしかに物めずらしさや新しい物好きな人たちで、電子端末で書籍や新聞を読むような人が少しは増えてきている。しかし、思ったほどの伸びはない。ペーパーレスを目指す会社も出てきてはいるが、逆にペーパーが増えてしまったという話を聞くこともある。

理事長に訊いてみると、「小さい頃は年に数冊しか小説なんて出版されなかった」と言っていた。週刊誌やマンガなどは本当に少なかったが、それが時間をかけてこれだけ増えていったのだ。

駅のキヨスクやコンビニ、書店には、毎日何種類も週刊誌が並び、本も大手出版社から一日何冊も発刊されている。タブレットなどで本を読めたりするようになったが、出版物の総数から比べたら、その数はまだほんのわずかである。

電子書籍などがいずれシェアを伸ばしていくことは間違いないだろう。そのとき、自分が関係する会社の経営者だったとしたら、自社にどのような影響があるのか頭の片隅に置いておかなければならないし、将来的に手を打たなければいけないことは確実だ。

しかし、そんなことは現状の一〇ある仕事のうちの一にしかすぎない。その一をクローズアップして、九の本業をおざなりにしてしまうと、本業が荒れてしまうことになる。それでは本末転倒だ。

ペーパーを例に述べたが、このように評論家というのは何に対しても大げさに言うわけだ。それを鵜呑みにして希望の光を失うようなことではいけない。

日本の市場は縮小傾向だと言うが、国内需要はまだまだある。そのなかで、時代の流れに合わせて会社を進化させていけるかどうかが一番重要なのだ。「それなら、どうすればいいのか？」をつねに考える、この発想を後継者は絶対に持っていてもらいたい。

それでは、社員に希望の光を見せるためにどうすればいいのか。これまで説明してきたが、日本経営合理化協会では、「事業発展計画書」にそのすべてが集約されているとしている。これは、「長期計画経営書」や「経営計画書」など、会社によっていろいろな言い方をされているが、要するに今後の会社の経営計画をまとめたもののことを指す。

事業発展計画書を文字にして作成してもらい、年一回、事業発展計画発表会を開催し、言葉にして社員全員に伝えるようにしてもらっている。作成している社長たちの姿を見ていると、頭を抱え、悩み、苦労して、一つひとつの言葉を選び抜いて文章にしている。それだけ社長の気持ちがこもっているものだ。

事業発展計画書を作成したら、それを絵に描いた餅で終わらせないために、新しい期がスタートしたときに必ず発表会をしていただいている。

基本的な流れは、社長の方針発表から社員表彰、辞令交付、ゲストによる基調講演、懇親会というものだが、社長から一方的に「今年はこうするぞ」などと言うだけのものではない。社員たちを鼓舞するために本当によく考えられている会ばかりだ。

部門長からの決意表明をさせる会社もあれば、社員一人ひとりに発言させる会社もある。座席一つとっても新入社員から順番に前から座っている会社もあれば、その新入社員の家族まで招待している会社もある。また、奥さんを招待していて、旦那さんが表彰されたら一緒に壇上に上げて表彰する会社もある。

企画会社の懇親会などは、社長が「ウチの会社は懇親会が本番です」と言うくらい、全社員が力を入れて盛り上げていたりする。私も年間数十回と事業発展計画発表会に参加するが、会社ごとに社長の思い入れやこだわりが強く感じられる。

会社によっては、社員表彰を最初にしているところもある。その会社は、一人ひとりの賞状にエピソードが書き込まれている。そのエピソードに涙を流しながら、賞状を受け取る若い社員。「この会社で働いていて本当によかったです」というコメントに、その場にいる誰もがうれしい気持ちになったはずだ。

経営者の仕事というのは「同じ船に乗った人間を幸福に導くこと」である。どうか、そのような後継者になっていただきたい。

頑張る人が報われる「真の家族主義」を目指す

「頑張っても頑張らなくても、給料は変わらないし……」

社員のこの言葉を聞いたとき、私は怒りよりも情けなさを感じた。恥ずかしい話、そんなことを言う社員が日本経営合理化協会にも以前はいたのだ。

「家族主義」とは、創業当時から理事長が言い続けてきたことである。

理事長がゼロから会社を立ち上げたときには、あたりまえだが何もなかった。お金も、人も、設備もないので、一から一〇まですべて自分たちでやった。

DMに入れるパンフレットは、今では機械で折っているが、昔は手作業だった。コップを使い、きれいに折っていく。封筒への封入も、のり付けも、切手貼りも全員でやった。年末年始もなく、元旦から作業をしていた。

そうやってともに頑張ってくれている社員たちに報いるために、「家族主義」と言い始めたと聞く。だんだんと余裕が出てきて、賞与を満足に払えるようになったとき「賞与は、家を建てるために絶対に使わずに貯金をしておけ」と言っていたのに、我慢できずに車を買った社員がいた。理事長は、その社員を烈火のごとく怒ったという。

もらった賞与は何に使おうが社員の勝手である。しかし、その怒りは、「社員に対して」ではなく、自分の子どもと同じと考えていたからこその怒りだったのだろう。もちろん、私が入協するはるか昔の話だ。実際に見たわけではないが、その話は今でも聞く。そんな理事長の親心を感じ、社内がまとまっていったそうだ。

しかし、それから年月が経ち、「家族主義を誤解する社員が出てきたのか」と、私はとにかく情けなかった。冒頭の発言をした社員はすでに辞めているが、一生懸命やらないような社員がいたのだ。

世のなかには、受注事業と見込み事業の会社しかない。日本経営合理化協会は見込み事業だ。企画をして案内状を出すまで、お客様の数はわからない。数が安定している受注事業と違い、博打的要素がたぶんにある。そういう事業体質の会社なので、セミナー部門でも、出版部門でも、AV部門でも、売れたり売れなかったりすることがあるのだ。

しかもそれぞれ単価が異なるため、セミナーでも「人数が多かった」「少なかった」など、そういうことで単純に給料を決めたりはしない。それを支えてくれている社員たちもいる。利益が出たら、利益の一定額以上はみんなで分配しようというのが、理事長の言った「家族主義」だったのだ。

新しい社員がグンと増えた時期だったこともあるだろう。しかし、人間というのは、それが続くと、いつしかそれがあたりまえとなってしまうものだ。そこが「基準」となってしまう。一度でも「高い基準」ができてしまうと、基準を下げるのは難しい。そして、業績が落ちて賞与が少しでも落ちるなんてことが起こると、あからさまに「会社への不満」になっていく。怖いものだ。

社内は、気づかぬうちにぬるま湯に浸かっている状態になってしまい、「頑張っても頑張らなくても給料は変わらない」という発言を、平気でするような社員が出てきてしまったのだろう。


私は「これではいけない」と焦りを感じた。評価を見直し、「家族主義」を見直し、「真の家族主義」というのをつくろうと考えた。

やはり、「頑張った・頑張らない」で評価が変わらないというのは、どこかに歪みができてくる。バブル時代ならそんなこともないだろうが、今は違う。優秀な社員を腐らせるわけにはいかない。そこで、頑張っている人が報われる仕組みに変更してきたのだ。

本書を読んでくださっている人のなかで、こんな会社はないだろうか。店舗を複数持っている会社で、トータルでは利益が出ているからと、何年も何年も赤字の店舗をそのままにしていたり、商品を分類すると万年赤字の商品があるにもかかわらず、何も手を打たず、そのまま売っていたりする。

何年も赤字の店舗がある会社は、その赤字店舗をそのままにしていたらどういうことが起こるだろうか。黒字店舗の社員にしてみたら、「あそこの店舗の社員の給料は俺たちが稼いでいるのに。あそこがなければ、もっと給料だって、賞与だって上がっていいはずだ」とは思わないだろうか。それが人間の心理というものだ。

そうならないためにも、社内分社などできちんと店舗ごとに利益管理している会社もある。そこの会社は、苦労のすえ、年功序列の役職も廃止した。やる気のある人が立候補制で分社長をするのだ。

年齢は関係ない。分社長になるには、利益計画を提出して社長と面接し、許可をもらう。利益が出たらきちんとした計算のうえ、分社長に配分される。ただし、赤字が二期続けば更迭される。しかし、復活もあるのでその社員は腐らず、また頑張れるのだ。

万年赤字の商品がある会社はどうだろうか。その赤字商品をつくっている社員もいれば、赤字商品を売っている社員もいれば、赤字商品を納品する社員もいるのだ。ものすごいコストの無駄ではないだろうか。その手間ひまを考えたら、赤字商品を切ってみてはいかがだろうか。

それよりも、自社の売れる商品、粗利益の高い商品をキャンペーンなどで注力して、その商品を売ってきた社員は評価につなげる。そうなれば、社員たちは喜んで売ってくるのではないだろうか。

そういう仕組みをつくっていったり、仕事を通して社員が自己実現できる場を提供していったり、そういったことこそ経営者の最重要の仕事なのだ。特にこれから会社を継ぐ後継者には必要なテーマだ。

これは私のモットーだが、後継者というのは社員たちと一緒に、「うれしければともに手を叩いて喜び、悲しければ一緒に涙して、怒っては寝食を忘れる」、そういうことを社員とともに仕事を通してやっていく。これが「真の家族主義」ではないかと思う。

こんなことを言っているが、私も今現在、専務理事という立場で、改革のまっただなかである。まだまだ「真の家族主義」を目指している道なかばだ。いや、スタートラインに立ったばかりなのかもしれない。

私は生涯、日本経営合理化協会の社員とその家族が幸福に暮らせるよう、あらゆる努力をし、情熱あふれる経営を推進することを天から課せられた使命と考え、この道以外歩かないと決めている。

一族と社友を幸福に導くことが、社長の役目である

私の父である理事長は昭和一三年、戦中の佐賀県に生まれた。戦争で父親（私の祖父）を亡くし、食べるものにはずいぶんと困ったと聞く。牟田家は女系の家で、父は四人兄弟で下から二番目だが、唯一の男だった。

ある日、学校に行くときに妹と一緒に家を出た。ふと前を歩く妹の頭を見ると、妹の髪の毛は陽の光に透けて茶色く見えたという。栄養が足りなかったのだ。それを見たときに、「男の俺が、家をなんとかしないといけない」と心に強く誓ったそうだ。

育英資金や奨学金をもらい、なんとか大学に入って東京に出てくると、入学と同時に学校へ通いながらアルバイトや仕事を始めた。絵が得意だったこともあり、グラフィック・デザインの仕事を始めたり、いくつか会社を興したりもした。グラフィック・デザインの仕事が前身となり、大学卒業後に印刷会社を興すこともしている。

すべては家族を支えるためだった。

ちょうどこの頃に、父親を早くに亡くしていたので父親代わりになるような人に会いに行き、積極的に話を聴いていたそうだ。そのなかに船田中先生がいたり、中村天風先生や田中要人先生がいた。すべては出会うべきタイミングだったのかもしれない。その人たちのすすめもあり、若干二四歳にして日本経営合理化協会を立ち上げたのだ。

この分野の会社としては老舗と言っていい。当時はこのような業種はないに等しく、DMなどのサービスもなかった。取り引き先もないので、自分たちでやったり、間に合わなければ親族の会社に手伝ってもらったりした。

そういった何もないところからスタートしたので、前に述べた「家族意識」はほかの会社以上にあった。「一度お付き合いいただいた会社とは、できるかぎり永くお付き合いをしていただく」という思想はここからきている。

もちろん、「おんぶに抱っこ」ではいけない。競争力が落ちてはいけないので価格やクオリティーにはつねに目を光らせている。ときにはこちらの要求に対して満たされず、相手に対して強く指摘することもある。そうやって協力会社、取り引き先も一緒にお互いに進化していくことを目指しているのだ。

協力会社、取り引き先の会社の方々にはご理解いただいていて、「協会さんは義理堅い」

とおっしゃっていただいている。こちらとしても、時間的な問題で間に合いそうもないような仕事を、無理を言って間に合わせてもらったりすることもある。信頼関係があってこそだ。非常にありがたい存在である。

世のなかには、自分たちの利益だけを追求するような「自利」の会社はいくらでもある。日本経営合理化協会が、そのような「自利」の会社だったら、とっくになくなっていただろう。やはり「他利」の考え、「お客様の繁栄あっての日本経営合理化協会だ」と思い続けてきたからこそ、今の日本経営合理化協会があるのだ。

一族と社友を幸福に導くという思想、そしてその大前提として、すべてのお客様の永続的な繁栄発展が根底にあるのだ。どうか本書を読まれているすべての方の会社が、幾代にもわたってますます繁栄することを心から祈っている。

強く必要とされる存在になる

最後になるが「強く必要とされる存在になる」という話をしたい。この言葉は日本経営合理化協会の理念にも使っているものだ。

これは、デンマークのキルケ・ゴールという哲学者が唱えた実存主義が根底にある。どういうものかわかりやすく説明するので、想像してほしい。

みなさんの目の前に、一つの「グラス」があったとしよう。自分の机の上にコーヒーが入ったマグカップがあったり、緑茶の入った湯呑があれば、それでもかまわない。

当然「グラス」自体は無機質で、生きてはいない。しかし、その「グラスに液体を入れて飲むことで、そのグラスはあなたによって強く必要とされている。つまり、生かされている」ことになるのだ。

グラスをはじめ、何か入れ物に入れないことには、液体を飲むことは難しい。人が何かを飲みたいと思ったときに、グラスは強く求められる存在だ。それまでただ置かれていただけのグラスが、液体を飲むために必要とされたことで意味を持ち、その存在をいかんなく発揮することになる。これが、強く必要とされ、生かされているということだ。「強く必要とされる存在」であれば、無機質な物質でも生きて輝いてくる。意味を持つのだ。しかし、もしそのグラスが落ちて割れてしまうと、必要とされなくなってしまう。死んでしまうということになるのである。

人間でも、会社でも、商品でも、サービスでも同じことだ。誰かに強く必要とされていれば、生きて輝いてくる。ときには、命すらも長らえることができるのだ。

このようなテレビ番組があった。北海道で飼われていた犬の話だ。私はまだ小さかったが、はっきりと覚えている。テレビのなかに、横たわっている犬の姿が映し出された。その犬は年老いていて、もう余命がわずかなのは観ていてすぐにわかった。呼吸が弱くなってきて、お腹の膨らみがだんだん小さくなっていた。

もう呼吸をしているかどうかわからなくなったとき、飼い主が犬の首あたりにしがみついて泣き始めた。獣医もそばにいたが、もうどうすることもできなかった。

そのときだ。近くにいた別の犬の子どもがよちよち歩いてきたかと思ったら、その老犬の乳房を探し始めたのだ。乳など出るわけもないが、子犬たちにはそれがわからなかったのである。

しばらくしたときだ。飼い主が驚いたように顔を上げた。すると画面でもはっきりわかるくらいに、老犬のお腹が呼吸で膨れたのだ。

驚いたことに、老犬は顔を上げるとお腹のあたりにいる子犬たちをしきりに舐め始めた。その老犬はそれから二年も生きたという。番組のエンディングでは、大きく成長した子犬たちと映っていた。

私は奇跡だと思った。しかし、「強く必要とされる存在」であれば、生命だって寿命だって延びるのだと、強く、強く感じた瞬間だった。


親しいお客様、コンサルタントの先生、そうした方たちのなかで癌を克服したという方を私は何人も知っている。

ある親しいお客様から、ご自身の若い頃の話を聴いたことがある。まだその方が起業して間もない頃の話だ。

社員も数人雇うようにはなっていたが、ある時期、どうしても資金繰りが追いつかず、今日銀行にお金を振り込まないと決済できないということがあったそうだ。仕事も手につかなかったが、その人はアポがある会社へ行った。出かけた先の会社の社長は、起業当時から自分をかわいがってくれている人だった。

その社長は、彼の異変に気づいて訊いてきた。そして仕方なく事情を説明すると、その社長は振り込み先と必要な金額だけを聞き、その場でお金を振り込んでくれたそうだ。その社長のおかげで危機は去り、彼は泣きながら、何度もお礼を伝えたと言う。

それから数十年、その会社は大きくなり、お客様の数も創業時とは比べものにならないほど増えた。助けてくれた社長はもう亡くなってしまったが、社名変更の際、会社名にはその方から一字をいただいたそうだ。

この話は、今でもその会社の事業発展計画書に、創業当時の話として書かれている。そして事業発展計画発表会では、その話からスタートするのだ。


今一度言うが、人間でも、会社でも、商品でも、サービスでも同じことだ。強く必要とされていれば、生きて輝いてくる。命すらも長らえることができるのだ。

お客様がなぜ、自社の商品を買ってくださるのか。それを深く深く研究してほしい。その要因の一つひとつが、お客様の購買の動機であり、自社がお客様から強く必要とされている「磨くべきダイヤの原石」なのである。

「値段が安かった」「品質がいい」「納期が早い」「デザインがいい」「サービスがいい」

「連絡をマメにくれる」「親切だから」「店舗がきれい」など、どんな会社にも、必ずお客様から強く必要とされている理由がある。あなたの会社が現在存続しているのは、お客様に強く必要とされているから以外にない。

後継者として、会社をますます強く必要とされる存在にしていただけたらと思う。ぜひとも、すばらしい会社をつくってほしい。

〈「後継者」として生きるための心得〉

第1章より

私が会ってきた「花のある経営者」は、仕事プラスアルファの何かを持っていた。それを極めていたのだ。「本業だけをまじめにやっている経営者」＝「すばらしい経営者」か、と訊かれたら私はノーと答えるだろう。それは、「感性」や「情」を磨き、幅広い情報にアンテナを立て、本業以外の人脈をつくり、そこから本業に結びつける「何か」を探す努力を、そういう経営者はあまりしていないからである。

「自分は後継者という立場で、会社を継ぐ側なのだ」ということを強く自覚して、父親である社長を立てるべきだ。後継者は我を通す前に、自分がつねに一歩引いて冷静に考えることを心がけてもらいたい。

後継者であれば信頼してついてきている部下を裏切るような行為はあってはならな

い。部下は自分の将来を後継者に預けているのだから、その信用に応えるのは当然のことであり、失望させるようなことはすべきではない。

お金を得ることの大変さをまったく知らない後継者より、その苦労を体験している後継者のほうが絶対にいい。

第2章より

創業者と同じ感覚で成長拡大を狙うのではなく、後継者は自分の目の届く「身の丈」というものを考えて経営をすべきだ。そういった「役割」が、創業者、二代目ではまったく違う。「攻守のバランス」というのが二代目には必要なスキルだと言えるだろう。

本当に勝負すべき相手は、創業者である父親ではない。本当に戦うべきはライバル会社であることを、後継者は見誤ってはいけない。

躍進している会社の後継者の共通点は、決して腐らず、後ろ向きな発言をしない。

学んだことを「自社には関係ない」とは言わず、「これをどうにかしてウチの会社に取り入れられないか？」と愚直に考える努力をしている。そして、時間がかかっても考え抜いたことをきちんと実行している。

父親の会社を継がないということ自体が、私からすれば親不孝だと思う。

第３章より

血のにじむような努力を重ねて会社を大きくした創業者、その大きくなった会社をただ引き継いだだけの後継者。両者は似て非なる存在だ。

起業というのはとても険しい道であるが、もしそういうチャンスがあるなら、それこそ「そういう苦労は買ってでもしたほうがいい」と、経験者として強く言いたい。

会社として生き残るために、その変化に合わせて商品も人も進化をし続けることが重要だ。ぜひとも、これから会社を引き継ぎ、日本を背負う後継者の方々には希望を持っていただきたいと思う。

第4章より

自社の「創業の原点」を知らないという後継者はぜひ調べてみてほしい。そこに「何のために我々はこの会社をやっているのか」というすべてが詰まっているはずだ。

後継者のうちに身につけておかなければならない実務は、大きく三つある。戦略・戦術を立てられるようになること、会社の数字がある程度読めるようになること、自分の将来の片腕を育てていくことである。

親子の会話のなかに無駄なことなどない。「商売のアイディアのヒントがどうの」という小さい話だけに留まらない。戦中生まれの創業者からは、人生についても学ぶことが本当に多い。ときには重たい話にもなる。そういう会話を避けたい気持ちももちろんわかるが、それも含めて後継者の宿命だと思ってもらいたい。

社長の「花道」をつくるのは、後継者にしかできない「後継者としての最後の仕事」である。社長にしても、後継者にしても人生で一度しかないことだ。後悔してはいけない。時間をかけ、見事なまでの「花道」をつくっていただきたいと思う。

第5章より

社長として先代を敬い、社員を敬うことができなければ、お客様を敬うことなどできるはずがない。精神論的な話に聞こえるかもしれないが、こういうことがベースにあったうえで、後継者の手腕が問われているのだ。ただ手腕だけがあっても、そこに心がなければ社員はついてこないと肝に銘じてもらいたい。

年上社員たちが輝ける場所、ポジションであったり仕事であったりをつくっていくのも、後継者の仕事の一つだと思っている。

「自分の片腕」というのは、ある日突然現れるものではない。後継者である自分で育てるものだ。片腕として活躍できるまでには時間がかかるので、そういう人を早い段階、具体的に言えば自分が部長職になったぐらいから目をかけ育てていくことが必要だ。

後継者は、「また次の代に」という「流れ」として、経営のすべてを考えなければならない。一時の「その場しのぎ」は、いつか必ずほころびを生むことになるだろう。

第6章より

同じ船に乗っている社員に対して、後継者は決して不安をあおるようなことを言ってはいけない。どんな環境であっても、経営者たるもの、先に希望の光が見えるようにしないといけないからだ。

後継者というのは社員たちと一緒に、「うれしければともに手を叩いて喜び、悲しければ一緒に涙して、怒っては寝食を忘れる」、そういうことを社員とともに仕事を通してやっていくものである。

牟田 太陽（むた・たいよう）

日本経営合理化協会専務理事。一九七二年東京生まれ。大学卒業後、アイルランドで和食レストランを創業。異境の厳しい環境で、創業の精神、強さ、忍耐、勇気、感謝の心を学ぶ。その経験と、事業を継ぐ決意とともに帰国、入協する。以来、社長専門の勉強会「実学の門」「無門塾」「後継社長塾」などを企画・運営。企画部長、事務局長を経て二〇一〇年四月より現職。わが国屈指の社長専門コンサルタントで同協会理事長の牟田學から、事業経営の真髄と経営者としての心得について直接教えを受けた後継者である。二〇〇〇社を超すオーナー社長や後継者と親密な関係を築くなかで、社長や後継者が抱える様々な悩みや事業承継問題に精通。その親身かつ適切な指導には特に定評がある。共著書に『事業発展計画書の作り方』（日本経営合理化協会出版局）がある。

◉日本経営合理化協会公式サイト
http://www.jmca.co.jp/

「後継者」という生き方

二〇一五年一月三一日　第一刷発行
二〇一五年三月一九日　第二刷発行

著　者　牟田太陽
発行者　長坂嘉昭
発行所　株式会社プレジデント社
〒一〇二-八六四一
東京都千代田区平河町二-一六-一　平河町森タワー一三階
電話：編集（〇三）三二三七-三七三二
販売（〇三）三二三七-三七三一
http://www.president.co.jp/

装丁・DTP　仲光寛城（ナカミツデザイン）
編集協力　有限会社アトミック（鮫島敦・沖津彩乃）
編　集　藤代勇人
印刷・製本　凸版印刷株式会社

ISBN978-4-8334-2117-1